陰に日なたにチームに貢献してきた先人こそ、カープの立役者である。昔も今もカープが常勝であり続けるのは難しく、突然、強くなったこともない。選手を育成する我慢と、次代につなげる忍耐を幾重にも折り重ね、輝きを増してきた。ありのままのカープを見守りたい。

2021年7月

中国新聞社報道センター運動担当部長

木村雅俊

悲願の初優勝を果たし、ヒ
(1975年10月15日、後楽園球

広島総合球場での第1戦(開幕第3戦)対国鉄戦を前に勢ぞろいした選手たち(1950年3月14日)

カープ 70人の証言

1950→2020

被爆地に復興の旗印として誕生したカープは、これまで900人近い選手が在籍してきた。

脚光を浴び続けたスターもいれば、日の目を見なかった苦労人もいる。

一年、また一年…。時代を歩んだOBの証言から、創立70周年の球団史を振り返る。

CONTENTS

※本書は2020年12月から21年2月までの中国新聞記事で構成しました。年齢・肩書きは原則として新聞掲載時のものです。一部表現を本書発行日に合わせて修正しています。

1950年代

1950 1959

満員の観客が見守る中で開かれた「たる募金」の贈呈式。
石本秀一監督（右端）が少年から寄付金の目録を受け取った
（1951年2月、広島総合球場）

70人の証言 1

1950年

角本義昭 さん（89）

かくもと・よしあき
1931年1月2日生まれ。投手。50年に在籍。福山市在住

三等車でみなが大男じゃけ、窮屈よ

1950年1月15日に結成式を終えたカープは、2月に福山から呉、広島を巡って紅白戦を披露する。盈進商（現盈進高）からノンプロの備後通運へ進んだ19歳右腕も、その行脚に加わって入団する。「母親には猛反対されたが、野球を職業として続けられるんならええか」。寄せ集めによる「カープ一期生」の一員となった。

主力は他球団から移籍したプロ経験者だった。「広島総合球場で、元阪急の岩本（章）さんに本塁打を2発打たれた。みな豪快じゃし、パワーが違った。武智（修）さんや辻井（弘）さんも、小指がわしの親指ぐらい太かったけえね」。初期登録の24人に名を連ねたが、公式戦の出番はなかった。

1軍の遠征に帯同したことはある。巨人戦などの東京遠征は、呉線経由の急行「安芸」で片道約20時間を要した。広島を昼すぎに出発し、着くのは翌朝。「三等車でみなが大男じゃけ、窮屈よ。夜を待って通路に新聞紙を敷き、そこにユニホームを布団代わりにして寝転がった」。小柄な選手が網棚で眠ることもあった。

8月の信州遠征は、リーグ優勝する松竹のナインと「呉越同舟」だった。「向かいに座った強打者の大岡虎雄と岩本義行が一升瓶を抱えて酒盛りよ。長谷川（良平）と並んでじっと肩をすくめとった。わしらは負けっぱなしで、劣等感の塊じゃったけえね」。この遠征、カープは12連敗を喫している。

広島に居残れば、総合球場で練習に明け暮れた。「グラウンドを駆けるばっかり。足腰を鍛え、球を速くする。その課題と向き合った」。10月になると、資金難で2軍が消滅し、選手はほぼ半減。全国へ散った仲間とともに退団した記録が残っているが、記憶とは食い違う。2年目もカープで練習を積んだ。51年の春、球団の救済に市民が身銭を投じた「たる募金」も鮮明に覚えている。「今でこそ美談になっとるが、物乞いしとるようなもんじゃけえね。気持ちは複雑じゃったよ」と明かす。

福山へ戻り、やがて野球と離れて運送業にまい進した。定年後は町内会や老人クラブの会長を務めた。大病はなく、2021年の年明けに卒寿を迎えた。「1軍で投げることはかなわんかったが、一生懸命に鍛錬した。こうして元気なんは、あの日々のおかげよ」。カープに興味を持ち始めたひ孫たちと、キャッチボールする日を待ちわびている。

遠征は三等車で、通路にも寝転がって眠っていた(1950年4月23日)

70人の証言 2

1951年

長谷部 稔 さん(89)

はせべ・みのる
1931年10月15日生まれ。捕手。50～56年に在籍。広島市安芸区在住

月給 たまに1000円 もらっておしまいよ

専らブルペンで球を受ける3番手捕手として、1軍に帯同し続けた。「月給5千円のはずじゃったが、わしら若手は常に後回し。たまに千円もらっておしまいよ。しょうがないよのう。銭がなかったんじゃけ」。捕手ならではの優れた記憶力で、尽きない「貧乏話」を克明に語る。

創立2年目の1951年、東京や関西への遠征は、人数が絞り込まれた。「連盟から25人分の費用が出ていたはずじゃが、いつも2、3人は減らしとった。浮かした金でボールやらの用具を買うんよ」。甲子園球場がある兵庫県西宮市では、宿泊費も切り詰めた。「主将の辻井（弘）さんの自宅に数人で押し掛け、泊めてもらっていた。石本（秀一）監督の家も近いけえ、そっちへ泊まる組もあったの」と振り返る。

冬場は若手4投手が広島での居残り練習を命じられ、その投球練習に付き合った。球場を借りる余裕はない。母校の皆実高グラウンドや寮に近い千田公園へ通い、球を受け続けた。

練習後は、露店で鉛筆を売る「アルバイト」を課せられた。歳末の買い物客でにぎわう本通り商店街に立ち、1ダース60円のサイン入り鉛筆を販売。「ようけ買ってもらいました。球場では見掛けんようなお母さん方が『協力しましょう』と言うてくれた。うれしかったですね」。市民の熱意に触れ、心が温まった。

給料の支払いは滞り、練習用具は乏しく、活動資金は心もとない。2軍を抱えられず、同年代の多くは1年限りで解雇された。「わしは捕手じゃったけえ、投手の練習台として残されたんよ」。ない袖を振れない球団事情も、自らの置かれた立場も理解していた。

それでも、ちょっぴり「ぜいたくな気分」に浸れるひとときがあった。8月の東北、北海道遠征。汽車は乗り慣れている手狭な三等車ではなく、背もたれが倒せる二等車だった。泊まりは豪勢な温泉宿だった。「主催が巨人じゃけえ、費用を持ってくれていたんでしょうね。晩飯は二の膳が付き、瓶ビールもあった。みんなうれしそうでね」

負けて地元へ戻り、広島総合球場でもまた負けた。引き揚げる選手バスの車窓からは、ネギ畑を縫うあぜ道にファンの生き生きとした笑顔。「皆さん、喜んで応援してくださった。野球で復興のお手伝いができるんかのと感じたことですよ」。心が和む光景もまた、70年を経て忘れてはいない。

本通り商店街でサイン入りの鉛筆を売る、長谷部さん(左端)ら選手たち
(1951年12月15日)

70人の証言 3

1952年

榊原盛毅さん(87)

さかきはら・せいき
1933年6月30日生まれ。投手。52～56年に在籍。広島県府中町在住

いきなり大役。緊張する暇なかった

「ナインが球団の消滅危機を知ったのは1952年9月28日の夜だった。遠征先の宿舎で石本秀一監督が選手を集め、涙ながらに告げた。「勝率3割を達成できんかったらカープはなくなる。頼む。勝ってくれ」。指揮官のげきに、選手は奮起した。ただ、尾道西高（現尾道商高）出の新人右腕だけは「もしなくなれば南海に行こう」と、冷静に自身の将来に思いを巡らせていた。

2年連続最下位の広島は、この年も開幕直後に7連敗、夏場には2度の8連敗と低空飛行を続けた。28日時点で30勝75敗3分けの勝率2割8分6厘。51年にセ・リーグ理事会が設けた罰則規定には「勝率が3割に達しないチームの処置は理事会が決める」と記されていた。その処置こそ、球団の解散か合併だった。

29、30日は名古屋（現中日）と両日ダブルヘッダーでの4連戦。1勝14敗1分けと相性は最悪な上、4連敗すれば勝率3割達成は非常に厳しくなる。何より白星が欲しい状況だったが、29日の1戦目はエース長谷川良平が打ち込まれ、0―5で敗れた。カープは崖っぷちに追い込まれた。

「2戦目は誰が投げるんじゃろ。杉浦（竜太郎）さんかの」と人ごとのように考えていたら、石本監督から「おい、おまえ行け」と命じられた。「いきなりの大役よ。びっくりして、緊張する暇もなかった」。球団存続の命運は、中継ぎとして数試合に投げただけの19歳に託された。

初先発のマウンドでは、捕手の門前真佐人のミットだけを見つめた。「サインは全部真っすぐ。最初から飛ばした」。制球力は乏しかったが、183センチの長身から投げ下ろす角度のある直球で、八回途中まで1失点の好投。打っても4打数3安打2打点の活躍、4―3でプロ初勝利を挙げた。

「あれでベンチのみんなが行けるぞという空気になった」。チームは勢い付き、30日のダブルヘッダーに連勝。勝率は3割を上回り、残り8試合を4勝4敗で乗り切った。最下位に転落した松竹は勝率3割に届かず、大洋との合併に追い込まれた。

5年間で通算47試合に登板し2勝7敗。「3年目に右肩を痛め、プロとして大成できんかった」。引退後は愛知・名城大に進学し、東洋工業（現マツダ）に勧めた。年を重ね、記憶がおぼろげな部分もある。それでも、カープを窮地から救った68年前の初白星は、色あせず脳裏に刻まれている。

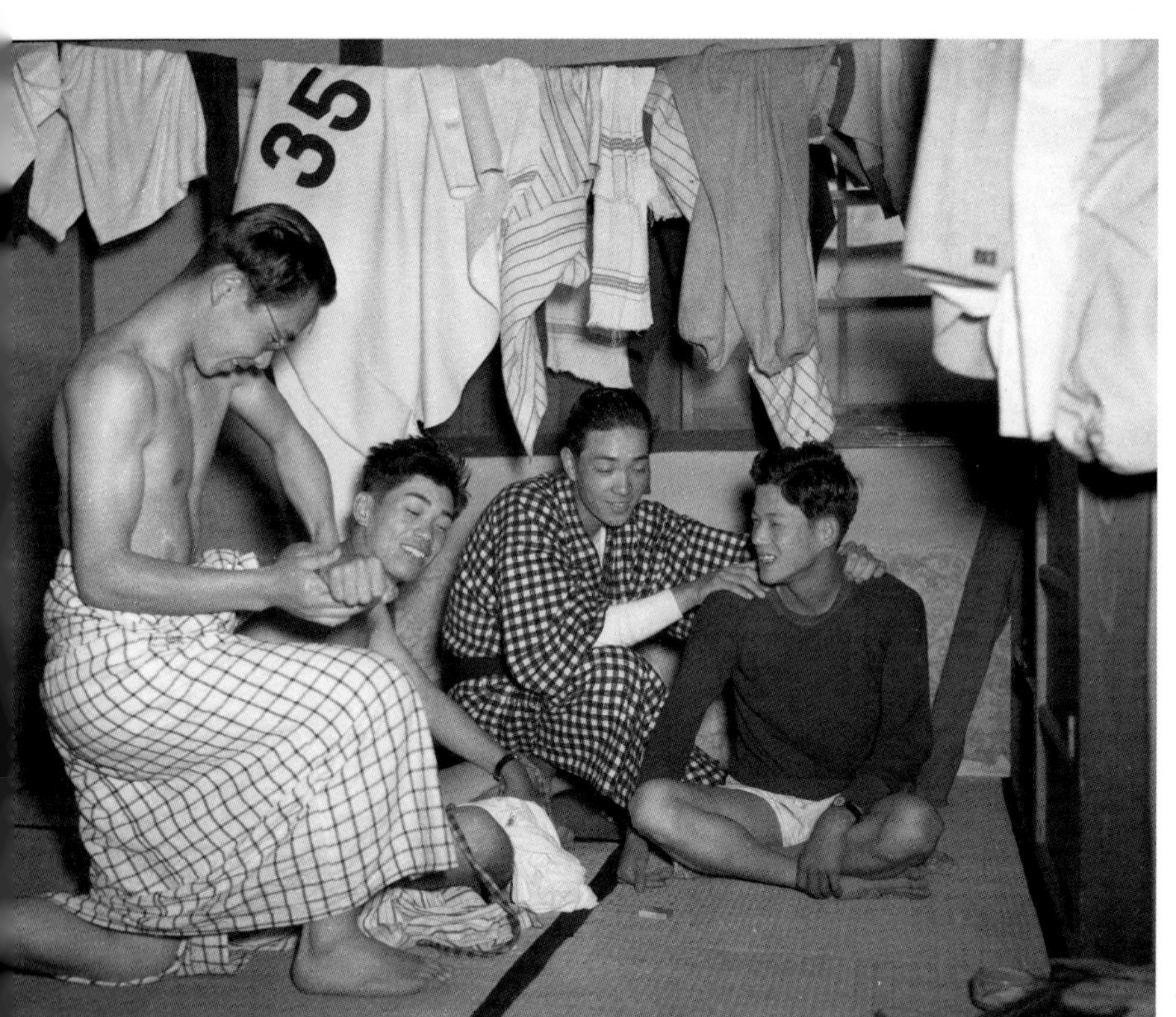

合宿所でくつろぐ榊原さん(右から2人目)ら投手陣(1952年)

70人の証言 4

1953年

ちいと銭が足りませんけえ、寄付を

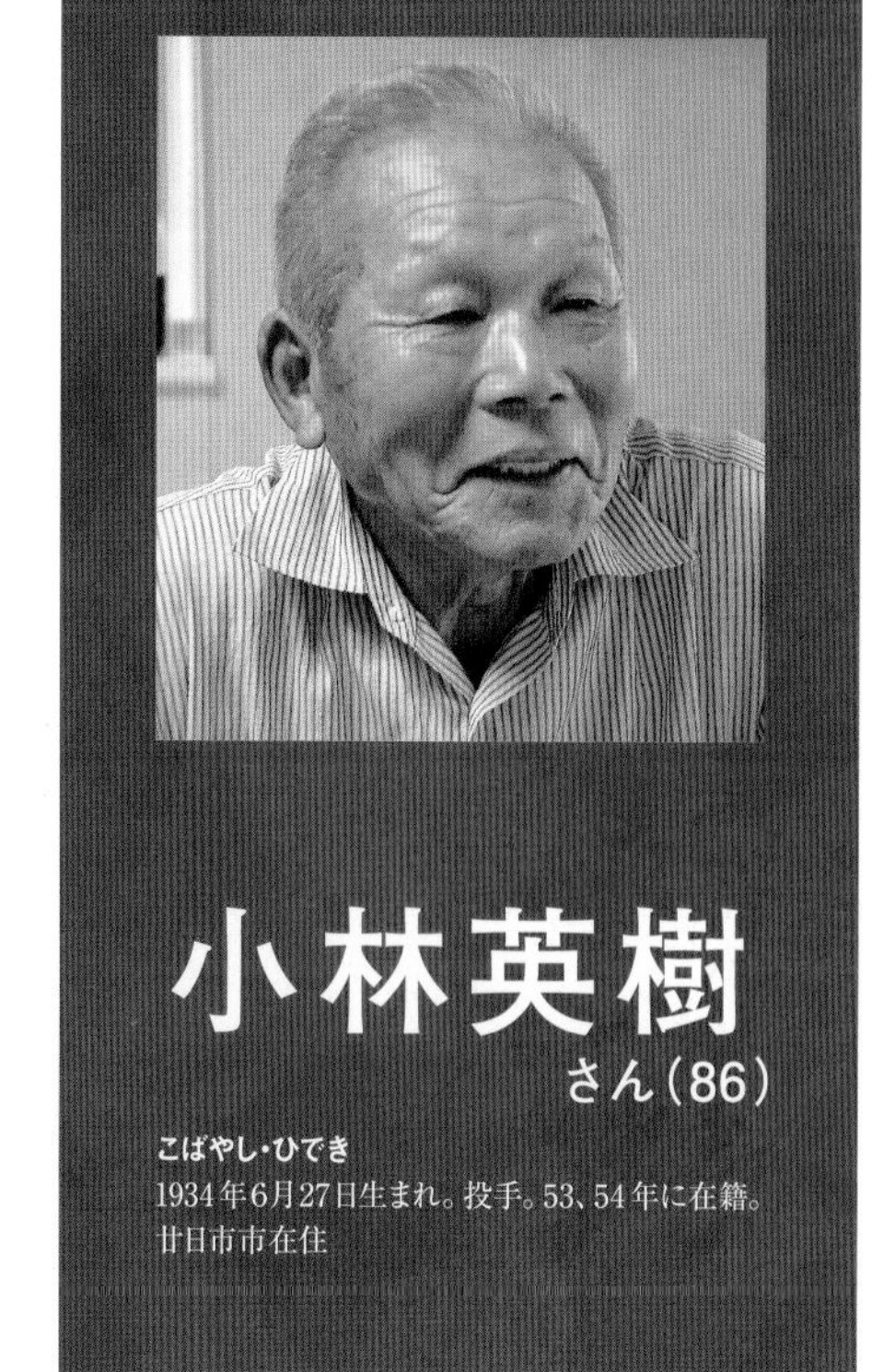

小林英樹 さん（86）

こばやし・ひでき
1934年6月27日生まれ。投手。53、54年に在籍。廿日市市在住

「18歳だった新人右腕は、石本秀一監督の口達者ぶりを鮮明に覚えている。1953年の開幕前、広島県内各地で開いていたカープ後援会の壮行会。会が盛り上がった頃を見計らって「このたび、外国人を3人入れる次第であります。ちいと銭が足りませんけえ、寄付をお願いします」。球団発足から4年目。運営費だけでなく、強化費もファンに支えてもらっていた。

前年から集めていた1千万円の募金で、2月に松竹の看板選手だった小鶴誠、金山次郎の加入が決まった。石本監督の「集金行脚」の成果もあり、6月には日系2世の銭村健三、健四兄弟と光吉勉を獲得。良い選手を獲得したことで、当時本拠地にしていた広島総合球場での練習には活気があった。

広島市の本川小であったカープ壮行会（1953年3月28日）

「シャワーもない頃。ユニホーム姿のまま電車とバスに乗るんじゃが、乗り合わせた人は汗臭いわしらに嫌な顔一つせず、頑張れと言うてくれた。運賃もタダじゃった」と回想する。球場外の溝に落ちたボールは、ファンが拾い集めてくれた。ぬれたボールの重みは忘れられない。

当時、カープは塩風呂温泉（広島市宇品西）を借り上げ、2軍選手用の宿舎としていた。食べるものにも困る時代。練習後の空腹を満たしたのも、ファンの厚意だった。「消防隊員のファンが、闇市の米を消防車で買いに行って届けてくれとった。普通に買いに行ったら没収されることもあるけえね」。その支援もあり、朝食は卵とみそ汁、ノリにご飯。練習場で食べる昼食に、おにぎりを持って行くことができた。

「ようけえ寄付してもらった。こんなに応援してもらえるんは、広島ならではじゃないか」。1軍での登板はなく、肩を痛めて在籍は2年。引退後は家業の農業に励んだが、カープとの縁は切れなかった。68年夏には、広島・廿日市高の後輩、山本浩二を球団に紹介。ドラフト1位指名につながり、後に「ミスター赤ヘル」となる。

98年には、広島市佐伯区茶臼山にある「カープの丘」の誕生に力添えした。往年の名選手やカープゆかりの人々が残した名文句が刻まれた石碑が立ち並ぶ。金策に東奔西走した初代指揮官の石碑には「ちいと銭が足りませんけえ、寄付をお願いします」―。新人時代の鮮やかな記憶が、そのまま形となって残っている。

70人の証言 5

1954年

高橋千年美さん(89)

たかはし・ちとみ
1931年7月5日生まれ。投手。53〜57年に在籍。広島市中区在住

1954年1月9日。フィリピン遠征に旅立つナインの勇姿を見送ろうと、広島駅は2千人のファンであふれかえっていた。「飛行機に乗るのもまれな時代で、もちろん海外に行くのは初めて。本当に楽しみじゃったね」。長谷川良平、小鶴誠ら主力と並んで20人の遠征メンバーに抜てきされ、入団2年目の22歳の胸は高鳴るばかりだった。

東京・羽田空港からプロペラ機に約10時間揺られてマニラ入りした。バスの車窓に広がるマニラ湾には、日本艦船の黒い残骸が見えた。終戦から9年弱。市民の反日感情に備え、チームには拳銃を手にした私服刑事が護衛に付いた。ただ、「怖い思いをした記憶は全くない」。今も脳裏に浮かぶのは、教えを請うフィリピン人選手の真剣な表情だ。

「広島や日本の野球のレベルを示してやる」と意気込んで球場に赴くと、高校や大学の選抜チームに指導を依頼された。投球だけでなく、打撃や守備も身ぶり手ぶりで。気がつけば「複数のチームに引っ張りだこだった」。夜の懇親会でも、得意の美声で親善交流に一役買った。

カープは滞在20日間で12試合を戦った。日本に比べてストライクゾーンが格段に高く、打者が跳び上がって打ったという逸話も残る。そんな不慣れな状況でも11勝1敗と現地チームを圧倒。高橋自身も登板2試合で計3回を1安打無失点と好投を見せた。最終戦を終えると、別れを惜しむたどたどしい日本語が飛び交った。「トモダチ」「トモダチ」と。

初の海外遠征。日本を代表して戦った経験は、「貧乏球団」の意識を変えた。チームは創設5年目で最多の56勝を挙げ、自身もプロ初白星を含む2勝をマーク。制球の良さを買われ、試合前の練習で打撃投手を務めながらの奮闘だった。「高橋の勝利は、ほかの投手の2倍に匹敵する」。白石勝巳監督は後にこう語ったという。

5年の現役生活を終えた後、球団職員に転じた。57年に完成した旧広島市民球場で入場券販売や営業に汗を流し、90年代は球団常務として諸問題の解決に奔走した。「自宅には着替えを取りに帰るくらいで、ほぼ東京と広島の往復に費やした」と懐かしむ。カープ愛の原点となった遠征から67年弱。「妻が見るので仕方なく」と言いながら、3台のテレビで後輩の勇姿を見守っている。

フィリピン遠征の最終試合を終え、帽子を振って引き上げる選手たち(1954年1月31日)

日本の野球のレベルを示してやる

70人の証言 6

1955年

血気盛んで新人の年に無理をした

山本文男さん(83)

やまもと・ふみお
1937年9月20日生まれ。投手。55～58年に在籍。神戸市在住

球団創立6年目を迎え、チーム力は確実に上向いていた。過去最高の勝利数58を記録。「セのお荷物」と呼ばれた参入当初の面影は消え、広島総合球場は「おらがチーム」の奮闘に沸きに沸いた。

しかし、チームの活躍を支えた投手陣は火の車だった。エース長谷川良平、大田垣喜夫、松山昇の三本柱は酷使に酷使を重ねた。130試合のうち96試合に先発。先発しない試合では中継ぎ、抑えで登板し、全勝利数の9割以上の53勝を稼いでいた。

そんな投手不足にあえいだ時代が、今後破られることはないであろう球団記録を生んだ。8月7日の広島総合球場の国鉄戦。観音中(広島市)を卒業し、その年に入団した右腕は七回から登板し、プロ初勝利を挙げた。「肩を痛めていたが、痛いながらも投げられた」。17歳10カ月の球団最年少勝利投手となった。

強豪の広島商高に特待生で誘われたが、「母子家庭で貧しくて金を稼ごう」と54年の秋、入団テストを受けた。180チセンから投げ下ろす直球は「150キロは出ていたと思う。大きなドロップにも絶対の自信があった」。

打ち合いを制した国鉄戦(1955年8月7日、広島総合球場)

白石勝巳監督、捕手の門前真佐人らの前で投球練習を披露。テスト後、3万円と聞いていた支度金は10万円に跳ね上がった。

しかし、エース候補と期待された右腕は、4本目の柱になることなく、わずか4年でユニホームを脱いだ。投手不足もあり、「血気盛んで新人の年に無理をした」。痛めた右肩で7試合に登板し2勝。「『放らせろ』というたちだった。もう少し慎重にしておけばよかったが、無知でした。でも、そんな時代ですよ」。無理がたたり、2年目以降は登板できなかった。

21歳で引退後、球団職員になった。「仕事なんてホームラン賞の景品をくださいと、よその会社へ頼みに行くぐらい」。事務所で腐っていた62年、白石の勧めで、審判に転身。計35年間で歴代3位となる3564試合を判定した。外木場義郎が完全試合を達成した大洋戦(68年9月14日)で球審を務めるなど、球団史に残る数々の名場面にも立ち合った。

「セ・リーグの審判部長にもなれた。その後の人生があったのはカープに入ったからこそ」。審判時代はできなかった古巣の応援を今は思い切り楽しんでいる。

70人の証言 7

1956年

宗近守平 さん(84)

むねちか・しゅうへい
1936年9月15日生まれ。投手。55～57年に在籍。広島県府中町在住

働きもせんと、ようけもらってと嫌み

1956年、開幕から低迷するカープで孤軍奮闘したのが身長167センチの小さな大投手、長谷川良平である。この年、チーム45勝のうち、一人で22勝を稼いだ。その右腕に、すぐそばで羨望のまなざしを向ける投手がいた。「細かったけど、全身がばねのような感じ。野球の神様のようなもんで、話すだけでも大変」。同じ167センチの2年目左腕にとって、エースの勇姿は憧れそのものだった。

当時ドラフト制度があったなら、間違いなく1位候補だったろう。島根・江津工高で1試合20奪三振をマークした左腕は、ノンプロを含めた47チームから誘いを受けた「金の卵」。最も早く目を付けてくれた白石勝巳監督の熱意で、55年にカープ入りしていた。

多額の負債を抱え、球団経営が行き詰まっていた時代。それでも「金の卵」は破格の好待遇で迎えられた。高卒の初任給が5千円といわれた当時、契約金30万円、月給3万円。長谷川ら主力とともに、給料の一部が遅配の対象となった。この頃、高給取りに限ってとられた措置だった。「同期から、働きもせんとわしらよりようけもらって、と嫌みを言われた」と苦笑する。

1年目は6試合の登板に終わったが、2年目の56年は大半を1軍で過ごした。「長谷川さんにはかわいがってもらった」。遠征時の寝台車は、ほとんどのナインが三等車だったが、先発ローテーションに食い込めば特別二等車に乗れた。狭くて揺れが大きい三段ベッドで眠る先輩たちを横目に、広い二段ベッドで優越感に浸った。

4月17日の巨人戦で先発に起用されたが、荒れ球を痛打されてシーズン初黒星が付く。「2ストライクまで取って、変化球と直球が決まらんかった」。先発、救援、敗戦処理の全てをこなし、25試合に登板して5敗。勝ち星は遠かった。

オフも、手厚い特別待遇を受ける。左肩を痛めていたことから、「球団で初めて」という大分・別府温泉での療養を許可された。約3週間の電気治療などで復活を目指した。巨人や阪神などライバル球団だけでなく、貧しさとも戦った時代。「(僕は)恵まれとった。楽しかったですね」と明るく振り返る。

57年は1軍登板なしに終わり、「もう投げられません」と涙で球団首脳に直談判。3年で現役を終えた。いま、ドラフト上位選手に「もっとがむしゃらに頑張らんといけん」と送るエールは、「小さな大投手」となれなかった苦い経験に基づいている。

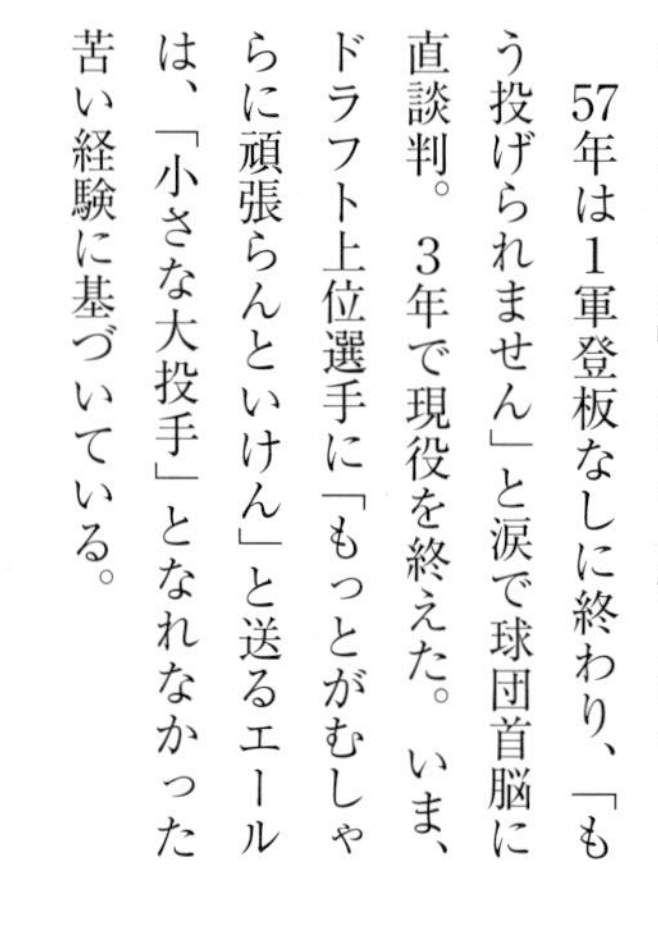

開幕に備えた合宿での食事風景
(1956年2月14日)

70人の証言 8

1957年

木村国勇さん（82）

きむら・くにお
1938年3月1日生まれ。捕手。56～58年に在籍。兵庫県赤穂市在住

新球場最初の試合 黒星では験悪い

「入団2年目、歴史的な一幕に立ち会った。1957年7月22日、ナイター設備のある広島市民球場（現中区）が完成した。完工式後、こけら落としの2軍戦に「6番・捕手」で先発出場。2軍暮らしで終わった3年間のプロ野球人生で、最も輝いたシーンだった。

小雨が降り続く中、試合は進んだ。照明が初点灯したのは六回。展開を鮮明には覚えていない。ただ、点灯直後に、中堅左へ同点二塁打を放った記憶は残っている。雨は次第に激しくなり、七回引き分けで終了。「最初の試合が黒星では験が悪いと、（球団の）上の人が（これ幸いと）やめにしたのでは」と振り返る。

広島との縁は、兵庫・赤穂高3年の春に生まれた。野球部の監督に促され、播州赤穂駅で男性客を出迎えた。自転車を押して約1㌔一緒に歩いた。学校に着くと打撃指導が始まった。「スタンスを1尺縮めえ。もう1寸、いや2寸」。男性客は計3度来訪。来るたびにボールを2ダースくれた。「えらい野球好きのおっさんやなあ」と思った客は11月に契約書を携えて再訪。初代監督の石本秀一だとその時、初めて知った。

56年から始まったプロ野球人生は1軍の壁と苦闘し続けた。「長谷川（良平）さんの動く速球はまともに捕れるまで半年かかった」。57、58年の春季キャンプでは、松竹時代に最多打点のシーズン記録を樹立した小鶴誠と同部屋になった。「腰から始動し、バットのグリップを球にぶつけるようにして打てと指南された」。そんなスター選手と1軍でプレーする機会は最後まで訪れなかった。

2軍の関西遠征は、急行「安芸」で行き来した。「特急には乗せてもらえなかった。糸崎と姫路で、駅弁みたいに売りに来る天ぷらそばを食べるのが楽しみで」。移動時間を持て余すと花札が始まる。「顔が売れてない上、体はごつい。一般客は怖がって近寄ってこなかった」と苦笑する。

まばゆかった広島市民球場のカクテル光線。同時に広島総合球場で見た「たる募金」を思い出す。先輩に「カープは貧乏球団やから、ファンがお金を入れてくれとる」と教えられた。

最初はあきれたが、「後で思うと広島の人は立派。原爆からまだ十数年の時に県民と企業がこぞって、あんなにいい場所へ新しく球場を造ったんですから」とほほ笑む。「市民球場」を形にした広島人の心意気に今も感じ入っている。

広島市民球場のナイター照明が初点灯した2軍戦（1957年7月22日）

70人の証言 9

1958年

三原卓三さん（82）

みはら・たくそう
1938年2月4日生まれ。野手。56〜59年に在籍。広島市南区在住

寮が完成し食事豪華に。雲泥の差よ

1958年7月10日、広島市三篠町（現西区）に独身選手向けの「三省寮」が完成。カープナインはようやく借家住まいを抜け出す。若ゴイたちは次々と向陽荘（現南区段原）から25部屋を備えた真新しい木造2階建てへと引っ越した。「ここに移るまでが大変じゃった。この頃から少し球団の金回りが良くなってきたんじゃないかな」。入団3年目の出来事を懐かしむ。

生活環境は様変わりした。長テーブルと椅子が並ぶ広い食堂、複数の洗い場がある大浴場…。大男がちゃぶ台で身を寄せ合い、銭湯で汗を流す日々は、過去の記憶となった。食堂の壁には「闘志なき者は去れ」の文字。「よく目についた」というスローガンは、向陽荘から引き継がれた。

練習後の空腹を満たす食事も、目に見えて豪華になった。「肉一つにしても雲泥の差よ」。年功序列が前提の争奪戦ではなく、住み込みの料理人によって考え抜かれた定食が一人一人に振る舞われた。それでも日中、体を動かし続けている食べ盛りの20代。夜食通いは段原のお好み焼き店から、三篠の屋台のラーメン屋に変わった。

「試合では先輩後輩関係なしでも良いと言われとったけれど、寮に帰ったらけじめをつけんといけん」。相変わらず上下関係は厳しかったが、3年目にもなるとすっかり要領を得ていた。少ない給料をやりくりし、夜の街へ繰り出すのが楽しみ。門限を破り、2メートルの塀を乗り越えてはこっそり部屋に戻った。

この年、ウエスタン・リーグで本塁打王を獲得。新調されたユニホーム姿で記念写真に納まった。「1年ほど前までは染みが付いた誰かのおさがり。人より頭がでっかくて、はさみで帽子の後ろを切って合わせとったんよ」。前年には広島市民球場（現中区）が完成しており、取り巻く環境はプロらしくなった。

1軍では代打を中心に出場8試合、11打席で安打は初打席の1本のみ。肩痛に悩まされて「野球そのものは半分諦めていた」。59年秋、退団を決意し、三省寮で荷物をまとめた。

退団から60年を経た2019年、孫の正随優弥が入団した。「プロ野球で一つも楽しい思い出はない。苦しい思いばっかりだぞ」。ハッパを掛けた若ゴイは20年、プロ初安打を本塁打でマーク。祖父を追い越す次の一本を心待ちにしている。

新築された三省寮の食堂（1958年7月）

70人の証言 10

1959年

中本冨士雄 さん(82)

なかもと・ふじお
1938年6月13日生まれ。投手。58〜62年に在籍。防府市在住

投げた方が治ると思われとった

「もっと遅くに生まれとったらねえ」。プロ2年目の肩痛で散った現役時代を振り返ると、どうしてもぼやきが口を突く。体のケアという発想はなく、広島にはトレーナーも、専門医もいなかった1959年。ナインは体を痛めても、頼るところがなかった。

球団結成から10年目、長谷川良平、備前喜夫に次ぐ「第3の男」と呼ばれて期待された。新人だった前年に力のある直球を投げまくり、7勝を挙げ、防御率2・94。8歳年上で大エースだった長谷川に「速くて曲がる球を教えてほしい」と遠慮なく頼むほど、向上心もあった。

59年は春にピッチングマシンを導入。打力を磨き、過去最高の勝率4割8分1厘を挙げる。しかし、躍進したチームの輪には加われなかった。登板はわずか4試合。「肩が痛とうて痛とうて。投げられんかった」と残念がる。

登板後のケアはおろか、リハビリなんて言葉も知らなかった時代。「けがをして初めて医者に診てもらっても、腕を少し触るくらい。どうすればいいか誰も知らんかった」。投手は痛みがあっても投げ込みを課せられることがあった。「半年、1年休んでいれば良いのに、投げた方が治るだろうと思われとった。活躍した人はみんな体が強いよね」と述懐する。

故障者でも毎日2軍の練習に行き、外野を走り、ボールを拾った。「1軍の試合は見んかったね。2軍の練習があったし、治ったら行くところじゃと思っとった」。治ればやれる。元に戻れば勝てると信じて、数年が経過。この頃、ようやく球団初のトレーナーが加入した。

62年、血栓症の手術を受けた。肩、肘の痛みは、血管内の血栓による血行障害が原因だった。「やっと理由が分かり、手術すればまた投げられる。すぐやってくれと思った」。右肩の血管を肘に移植する、10時間に及ぶ大手術。当時の医療技術では、力のある直球は取り戻せなかった。

引退後は東洋工業(現マツダ)で働きながら、休日に自宅近くの中学の野球部を指導した。地域の野球教室では、80歳を過ぎても講師を務めた。思いは二つ。「自分のように、プロになれる選手が出てくれればうれしい。自分のように、けがで苦しむ選手がいなくなればうれしい」。医療が発達した今、子どもたちには、好きな野球を目いっぱいやってほしいと願う。

広島の練習に導入されたピッチングマシン(1959年2月1日)

1950年代の成績・出来事

年	監督	順位	成績				主な出来事
			勝	敗	引分	勝率	
1950	石本秀一	8	41	96	1	.299	2リーグ制となり、各球団が投手難にあえいだ。広島は2桁失点が31試合と散々。長谷川良平が15勝と奮闘した。シーズン終盤に13連敗を喫し、優勝した松竹と59ゲームの大差で最下位に沈んだ。
1951	石本秀一	7	32	64	3	.333	資金難の克服へ、後援会を結成した。石本秀一監督は「いまこのカープをつぶせば、日本に二度とこのような郷土チームの姿を見ることはできぬであろう」。中国新聞の紙面でファンに訴えかけた。
1952	石本秀一	6	37	80	3	.316	名古屋（現中日）による長谷川良平の「引き抜き騒動」があった。愛知県出身のエースを巡る契約がこじれ、ようやく開幕直前に決着。新人の大田垣喜夫が開幕投手を務め、完投勝利を挙げた。
1953	石本秀一 白石勝巳	4	53	75	2	.414	補強策が実り、過去最高の4位となった。シーズン途中、石本秀一監督から選手兼任の白石勝巳監督へ交代。金山次郎は58盗塁で球団初の個人タイトルに輝き、長谷川良平は球団初の20勝投手となった。
1954	白石勝巳	4	56	69	5	.448	開幕7連敗を喫した。投手3本柱で巻き返し、長谷川良平と松山昇が各18勝、大田垣喜夫が10勝。チーム56勝のうち、3人で46勝を挙げた。9月には地元で巨人に3連勝し、ファンが狂喜乱舞した。
1955	白石勝巳	4	58	70	2	.453	投打の「小兵」が躍動した。身長167㌢の長谷川良平が最終戦で30勝目を挙げ、球団初の最多勝に輝いた。若返りが進んだ打線には米国から日系2世・平山智が加入、25盗塁した。
1956	白石勝巳	5	45	82	3	.358	3月にNHKが広島総合球場から初めてテレビで全国中継した。5月には長持栄吉が川崎球場で球団初の代打満塁本塁打を放つ。7月には片田謙二が球団最少の78球で完封。いずれも大洋戦だった。
1957	白石勝巳	5	54	75	1	.419	藤井弘のアーチ量産などで3位ターン、夏場の打線沈滞で息切れした。広島市民球場の初戦は阪神に1-15と大敗。新本拠地の「球団1号勝利」は備前喜夫が挙げ、球団投手初のシーズン20勝に到達した。
1958	白石勝巳	5	54	68	8	.446	新人の中本冨士雄が7勝を挙げた。7月には広島市民球場でオールスター初開催。長谷川良平は3連打を浴びて1死も奪えず降板。藤井弘と平山智は各1安打で得点に絡み、地元勢の面目を保った。
1959	白石勝巳	5	59	64	7	.481	大和田明が23本塁打、79打点でいずれも球団記録を更新し、ベストナインに選ばれた。森永勝治は8月の阪神戦（広島）で球団初の1試合3本塁打。投手陣では11勝を挙げた鵜狩道夫が台頭した。

1960年代

1960
1969

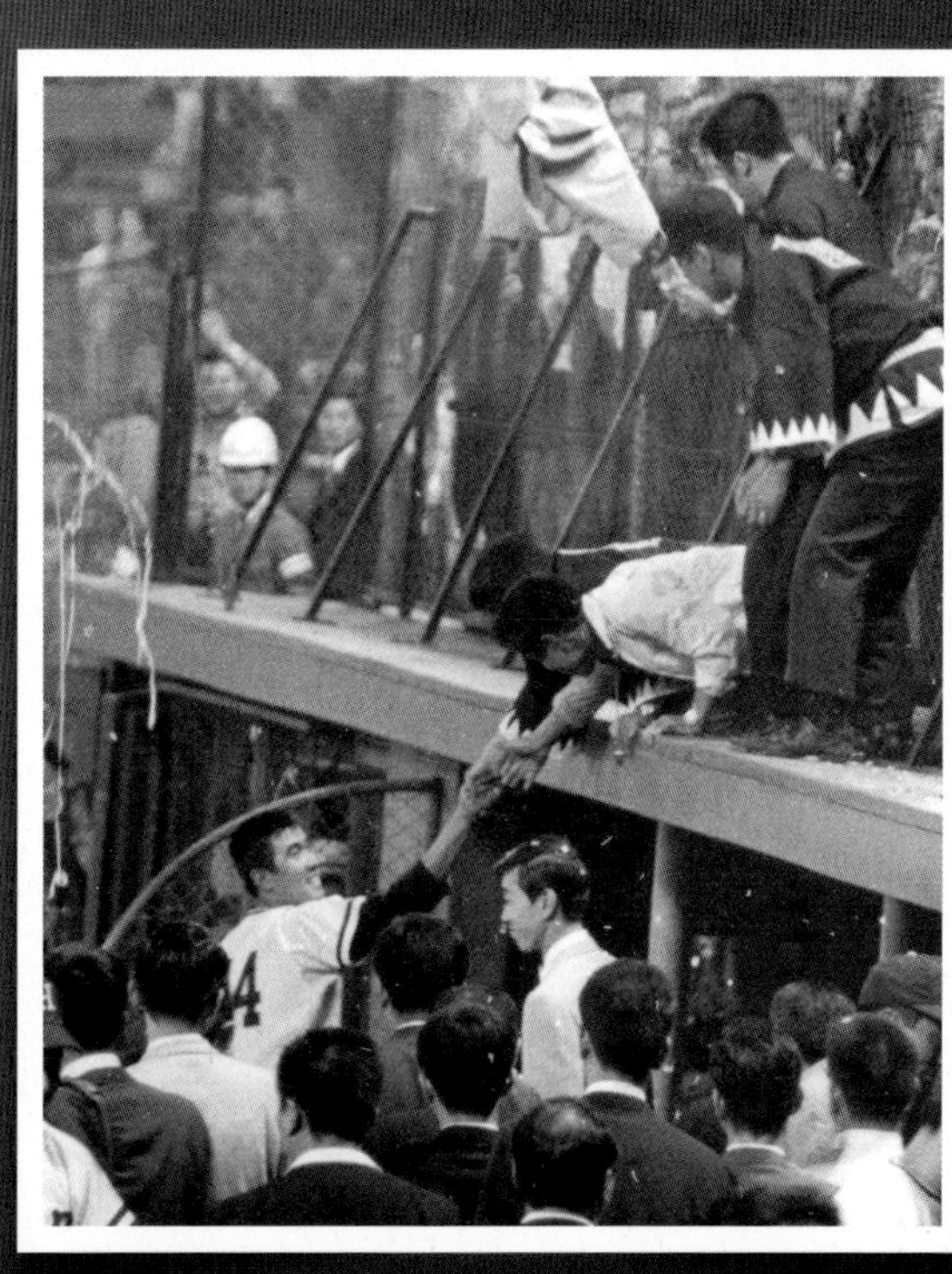

史上10人目の完全試合を大洋戦で達成し、
ファンの握手に応える外木場義郎投手
（1968年9月14日、広島市民球場）

70人の証言 11

1960年

平田憲穏さん(79)

ひらた・のりやす
1941年11月9日生まれ。捕手。60～63年に在籍。三次市在住

手応えなかった。芯に当たったんじゃろね

左中間席へ架けた放物線の残像は、今も脳裏にある。「手応えはまるでなかった。真芯に当たったんじゃろね」。1960年8月28日、広島市民球場のウエスタン・リーグ西鉄戦。同点の九回、18歳のルーキーの劇的なサヨナラ弾で球団初の2軍優勝が決まった。

前年までの3年間は加盟7チーム中7位、7位、6位。この年は2連敗発進の後、若ゴイの快進撃が始まった。右肩痛に苦しむ中本富士雄らが白星を重ね、打線は猛打を振るった。「怖いもの知らずだった」という自身も三塁の定位置をつかみ、攻守に全力プレーを続けた。

14勝8敗1分けで迎え、勝てば優勝が決まる西鉄との最終戦。相手も意地を見せてきた。稲尾和久に続く1軍投手で、4年前に25勝を挙げた島原幸雄が2軍に帯同。九回はその内角球を捉え、プロ初本塁打と初優勝を手繰り寄せた。

ただ快挙の実感は乏しかった。当日手にしたのは本塁打賞の900円とトマトジュース。観客もまばらだった。

それが9月18日に一変した。1軍の巨人戦の合間にあった表彰式で約2万人から祝福され、長嶋茂雄や王貞治からも拍手を送られた。喜びと感動が体を包んだ。

広島・三次高出身。主力の顔触れを知らずに2月のキャンプに臨み、衝撃的な体験をする。小柄な投手にキャッチボールに誘われ、応じると先輩が慌てて忠告してきた。「危ないから右手を背中の後ろに隠せ」。球は手元で鋭く変化し、何度も捕り損ねた。相手はエース長谷川良平だったと後に知った。

下積みの苦労は記憶にない。大卒初任給が約1万円の時代に月6万円をもらい、合宿所（現広島市西区）では「高校までめったに食べられなかった」という牛肉や豚肉が連日提供された。「主力が外食に出る日は肉を多く食べられる。それが楽しみだった」。自腹で購入するバット代も洗濯も、苦にならなかった。

1軍は遠かった。本塁打王5度の中西太（西鉄）にもらったバットが、振れないほど重かったこと。その打球に遊撃手が飛びつこうとしたら、そのまま左中間席に入ったこと。「活躍する選手は違う。自分は無理じゃった」と笑う。

三次市で弁当仕出し会社を営む今も時折、60年前の夢にうなされる。「練習に遅刻したり、用具を忘れたり。実際は一度もなかったのに不思議なもんです」。1軍を夢見て、必死に格闘した日々の残像なのかもしれない。

ウエスタン・リーグを制した2軍選手たち
（1960年8月28日）

1961年

滝村修平さん(80)

たきむら・しゅうへい
1940年7月7日生まれ。投手。59〜63年に在籍。広島市南区在住

右肩に激痛。寝ていてもうずくほど

1961年、3代目監督に就任した門前真佐人は「先発5人で75勝」の大風呂敷を広げる。峠を越えた長谷川良平が1勝に終わり、備前喜夫と鵜狩好応は各5勝、河村英文は7勝の誤算。入団3年目の大石清が、唯一2桁の27勝を積み上げた。

大石と同期入団、広島・国泰寺高出身の下手投げ右腕は、まず1勝を目指し、春から歯を食いしばった。呉二河球場であった2月の春季キャンプは、連日のように投げ込みに励み、「和式便所に座ったら立てないほど、足ががくがくになった」。

主力打者のフリー打撃にも登板。ストライクが入らなければ打者に怒鳴られ、捕手にも叱られた。「先輩に『おまえは塀に向かって投げよれ』と言われ、泣きながら塀に球を投げる投手もおった」。上下関係は厳しかった。

高校2年の秋、夏の甲子園優勝の広島商を相手に好投した。早大進学をやめ、プロ入り。球と体の力には自信はあった。エースへ駆け上がる大石との運命の分かれ道は、入団1年目の5月にあったと記憶する。「2軍戦でダブルヘッダーの1試合目に大石、2試合目にわしが投げ、2人とも完投して勝った」。翌日、そろって1軍に上がった。

ところが、昇格直後のブルペンで右肩に激痛が走った。「痛くて投げるどころじゃない。寝ていてもうずくほど」。チャンスをつかみ、1軍に定着した大石を横目に、まともにボールを投げることができなくなった。痛みはぶり返し、2軍監督だった門前から「サイドかアンダーで放ってみろ」と言われ、下手投げに転向した。2軍に投手コーチはいない。独学で球威と制球力を両立できるリリースポイントを探し求めた。

3年目までは1勝どころか、1軍未登板。62年6月23日のウエスタン・リーグ近鉄戦で「やっと球を離す位置をつかめた」と無安打無得点を達成し、1軍で2試合に投げた。大石が4年連続2桁勝利した63年オフ、未勝利のままプロ生活を終えた。

退団後は歯を食いしばって猛勉強。法大へ進学し、広島市内の海運会社で定年まで勤めた。鍛えた体力はいま、ゴルフに生きる。2005年には65歳以上のアマチュア日本一を決める日本ミッドシニア選手権に出場。「生きがいよ」。連日のように打ち込みに励んでいる。

呉キャンプで投球練習する選手たち(1961年2月)

70人の証言 13

1962年

西村 宏 さん（77）

にしむら・ひろし
1943年7月7日生まれ。投手。62～65年に在籍。広島市西区在住

打撃投手。4年間、好打者に投げられた

森永勝治が、球団で初の首位打者に輝いた1962年。チーム内に目を向けてみると、興津達雄、藤井弘、古葉毅ら20歳代半ばの若ゴイたちが一気に芽吹こうとしていた。その成長を支えていたのが、打撃投手を兼務していた若手投手たち。その中に、入団1年目の右腕はいた。

広島・崇徳高3年の夏、甲子園の3試合で防御率0・00。高校球界屈指の右の本格派は地元球団のオファーを受け、62年に入団した。1年目から主力の呉キャンプに参加。しかし開幕前の左足首捻挫で戦線離脱し、思い描いていた道が暗転する。復帰後、命じられたのは打撃投手だった。

当時は専任の打撃投手がおらず、若手が交代で務めた。幸いにも制球には自信があった。「要求通り自由にストライクゾーンに投げられたので。ストライクが入らない人はたくさんいたからね」。1軍の遠征にも帯同。夜行で東京入りすると午前8時から森永、藤井、興津ら中軸打者に投げた。試合前にも球場で投げ続けた。「一日300～400球は当たり前だった」

葛藤はあった。2軍戦で完封しても、1軍に昇格すれば、打撃練習に駆り出される。「アピールするためにわざと変化球を投げる人もいたが、僕は直球しか投げなかった。気持ちよく打ってもらいたかった」

「打撃投手で終わるつもりはない。抑える自信はある」と諦めなかったが、「職業病」に苦しむ。マウンドから投げないため、足に体重が乗らずにフォームを崩した。直球ばかり投げていたため、他の球種を覚えられなかった。3年目の64年の中日戦、ようやく初の1軍登板が巡ってきた。0回⅔、被安打3で3失点。プロの投手としての唯一の登板となった。

4年目のオフ、球団から「来年から東洋工業（現マツダ）にいけ」と告げられた。戦力外通告だった。それでも東洋工業には野球部がある。新たな希望が芽生えた。しかし、アマがプロ退団選手の社会人選手としての受け入れ拒否を決めた「柳川事件」の影響で、アマ球界の道も断たれた。

62年の森永に続き、63年には古葉が長嶋茂雄（巨人）と首位打者を争った。「古葉さんには『早く1勝しないとな』と励ましてもらうなど、先輩にいつも気に掛けてもらった。（打撃投手として）4年間、好打者に投げることができた。カープに感謝している」。打力強化に貢献した制球力が、いまは誇らしくもある。

球団初の首位打者に輝き、ファン感謝大会で表彰される森永（1962年10月28日）

70人の証言 14

1963年

初の日南 日が暮れるまで 球場おった

高岡重樹 さん（77）

たかおか・しげき
1943年7月3日生まれ。捕手。62～69年に在籍。広島市中区在住

1963年春、キャンプ地が呉市から宮崎県日南市へと移った。同年に監督に復帰した白石勝巳が広島県外へのキャンプ地移転を提案。開幕を見据えての鍛錬の地は広島市から南西へ約330キロ、南九州の片隅となる。日向灘を望み、三方を杉林が取り囲むのどかな光景に、広島・崇徳高出の2年目捕手は「本当に田舎だった」と目を丸くした。

キャンプ地選びのポイントは、温暖な気候だった。球団マネジャーが九州各地を調べて歩き、年間の降雪日などを基準に決めた。バッテリー組は日南入りに先駆けて、1月中旬から鹿児島市での合同自主トレーニングに臨んだ。「ところが鹿児島は大雪でね。陸上競技場でただ走るだけだった。呉より寒かった」と苦笑いする。

初めての日南春季キャンプ（1963年1月26日）

9日間の自主トレーニングを終え、野手組と日南市で合流した。日南市民はプロ野球選手の来訪を、こいのぼりや花火で歓迎。1月26日、球団初の県外キャンプがスタートした。

当時の日南市は交通の便が悪く「陸の孤島」とも言われていた。ただ、野球漬けには最適の地だった。朝7時に起床し、日南海岸のウオーキングから一日が始まる。朝食後、徒歩で約20分かけて新設された天福球場へ。通常は2軍が午前、1軍が午後からの練習となっていた。だが捕手は打撃練習や投球練習でも球を受けるため「朝から日が暮れるまで球場におったよ」。

宿舎での夕食後は、決まって先輩から飲みの誘いがかかる。連日、深夜まで港町の歓楽街を飲み歩いた。「おかげで肝臓を悪くしてね。キャンプ後に1カ月半入院するはめになった」と振り返った。

面倒見のいい先輩ばかりだった。山本一義と繰り出せば、熱心な打撃指導を受けた。そのかいもあって、控え捕手と右の代打を兼ねた68年には、1軍でマスクをかぶる機会も増えた。この年に阪神から移籍加入した「打撃の職人」山内一弘は、どこであろうと素振りをチェックしてくれた。「一義さんと山内さんが、ああでもない、こうでもないと理論をぶつけ合う。さっぱり分からんかった。終わるのは朝の4時」

暖かな気候の下でめいっぱい心技体を鍛え、夜は特産の地鶏や鮮魚に舌鼓を打ちながら野球談議。「先輩にはとてもかわいがってもらった。いい時代だった」。日南で続く鍛錬は2021年、59度目の春を迎えた。

70人の証言 15

1964年

森川卓郎さん(79)

もりかわ・たくろう
1941年8月28日生まれ。投手。64〜67年に在籍。広島市西区在住

王シフト。ピッチャー返しが遊撃手真正面

「王シフト」の披露に立ち会った。広島商高から神奈川大を経て入団した新人左腕は、1964年5月5日に後楽園で先発する。「ダブルヘッダー第1試合が（左腕の）大羽進さん、第2試合がわし。20分前まで知らされんのじゃけえ、のんきに弁当を食べとったな」。極端な右寄りの守備隊形をバックに、打倒巨人に燃える白石勝巳監督から王貞治封じを求められた。

1－0の三回途中にピンチを招いて降板。すると翌6日も先発を任され、五回途中まで2失点に抑えた。後日、投手コーチの長谷川良平に聞かされた。「（5日の夜に）宿舎の風呂で白石監督が『明日も森川で』と言うんじゃ。そりゃ巨人に失礼だと反対しても、聞き入れられんかった」

関東遠征を終えると、広島へ移動。巨人ナインと汽車は同じ、客車は違った。「あっちは片手にセカンドバッグで一等車。こっちは両手に野球用具を抱えて二等車。こりゃかなわんと感じたもんよ」。そんな巨人を広島市民球場で抑え、プロ初勝利を挙げた。直後の阪神戦は一回途中から十回まで投げて白星。約3週間で3勝すると「新聞で騒がれ、ファンから握手攻め。これがプロかと舞い上がった」と目を細める。

投げまくった代償は、左肩の痛みとなった。思うような球が投げられず、2年目からは契約更改がつらかった。「給料が3万円下がるとすれば、3万円上がる選手と一緒に事務所へ呼ばれる。合宿所から同じバスに乗って行くんよ。お互い口に出さんでも分かる。そのうち後輩にごちそうされる機会が増え、肩身が狭かった」。4年目のオフ、退団を申し出た。

新人だった64年は、秋に東京五輪があった。白石監督の発案で、ナインは広島市であったバレーボール女子日本代表の合宿を見学した。猛練習に励んだ「東洋の魔女」は金メダルを獲得。合宿所で新品のカラーテレビにかじりつき、拍手を送った。「わしも一生懸命に努力した。でも長谷川さんの言葉を借りれば、成果が伴わない努力に意味はない。それがプロなんよね」

この年の広島は、巨人に17勝11敗1分け。王に打ち込まれた記憶はない。「打球が足元を抜けたら、遊撃手の古葉（竹識）さんが真正面で捕ったこともあったな」。世界の本塁打王を封じる奇抜なシフトとともに、確かな成果を残している。

5月の巨人4連戦で初披露した王シフト(1964年、後楽園)

70人の証言 16

1965年

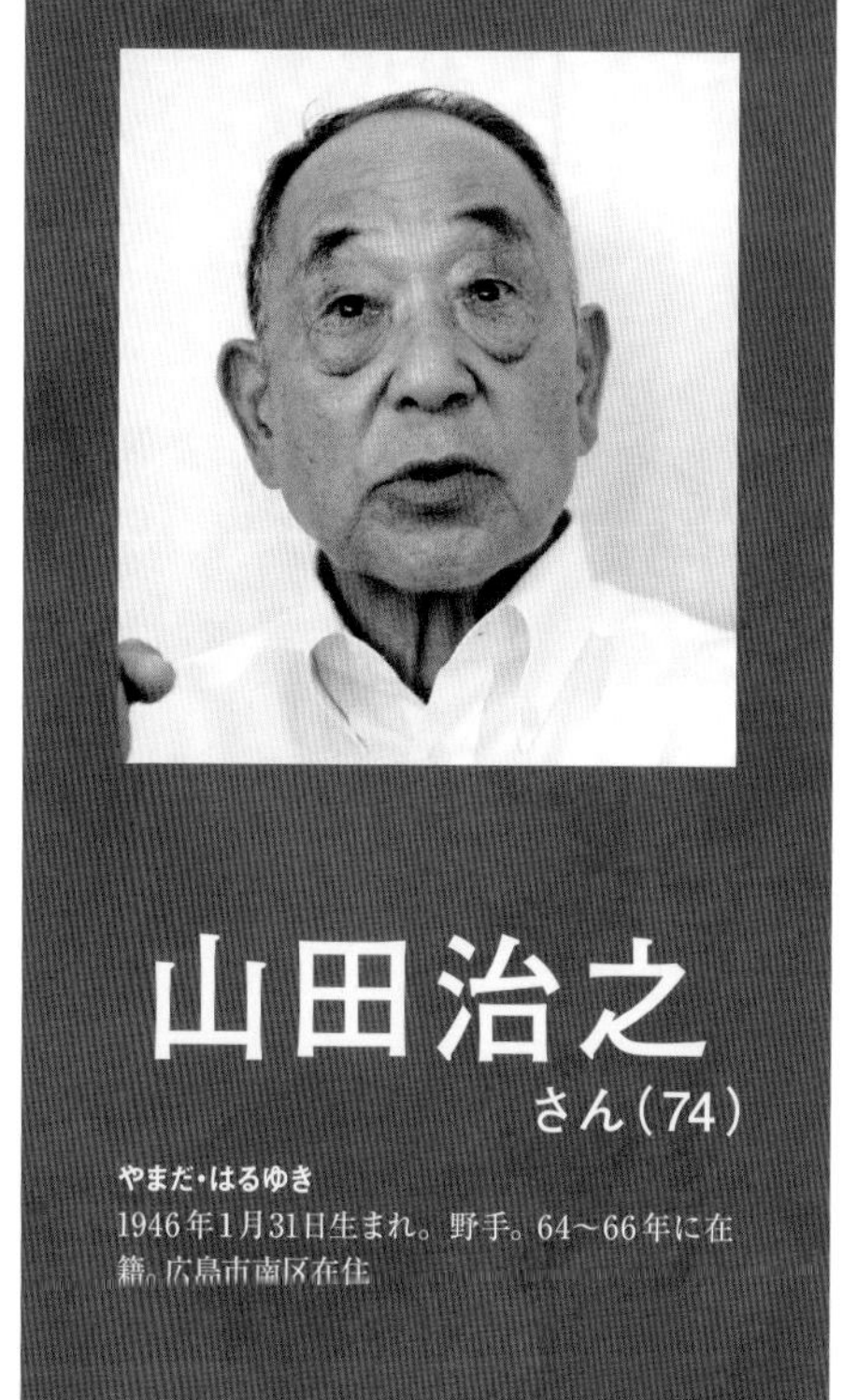

山田治之さん（74）

やまだ・はるゆき
1946年1月31日生まれ。野手。64～66年に在籍。広島市南区在住

衣笠 わしらとはスイングの音が違う

三省寮で一秒でも長く眠りたい若手たちは、午前7時ごろにしばしば怒鳴り声で目覚めた。「2軍監督の藤村（隆男）さんが『起きろー』と叫んで回るんよ。飛び起きにゃ、さらに怒られるけんね」。寝間着のまま外へ集まり、30分余りの素振りで一日が始まる。1965年入団で1歳下の新人捕手、衣笠祥雄は存在感が際立っていた。

「わしらとはスイングの音が違う。『ブンッ』じゃなくて『ブルルンッ』。細身じゃったが、風呂で会えば締まった体しとったけえね」。試しに借りてみたバットは、ずっしりと重かった。

空気を切り裂くようなスイング音が、真夜中に響く日も珍しくなかった。「隣の衣笠の部屋からよ。あれにも何度、眠りを妨げられたかわからん」。打力に秀でた後輩は、5月には1軍デビューを果たした。

広島市民球場のネット裏には「野球教室」と呼ばれる一室があった。2軍の選手が集まり、1軍の試合を観戦することが義務付けられていた。8月22日、阪神の先発は、この年にリーグ最多25勝する村山実だった。「8番・捕手」の衣笠が三回に左中間へ同点ソロ。後に504号まで積み上げる「鉄人」のプロ初本塁打を目の当たりにした。

10月2日には同い年の新人、外木場義郎が阪神戦（甲子園）で無安打無得点の快挙を遂げた。「いまの子たちとはスタミナが違う。鍛え方が違う。市民球場のバックネット沿いをダッシュで往復しながら、延々とノックの打球を追わされとった」。はた目で見た光景を思い出すだけで、表情がゆがむ。

プロ初アーチを放つ衣笠(1965年8月22日)

67年に南海へ移籍した。鶴岡一人監督の下で優勝争いを経験し、正捕手の野村克也に学んだ。「何が何でも勝つんだという雰囲気。ミーティングはみっちりやったし、筆記用具を忘れたら叱られた。カープではそんなことなかったもんね」。70年には、広島で出場機会を失いつつあった古葉竹識もトレード移籍してきた。

南海でユニホームを脱ぎ、広島で商売を始めた。万年Bクラスだったカープは75年、衣笠が中軸を打ち、外木場が先発でフル回転し、シーズン途中に就任した古葉監督の采配で悲願の初優勝を果たす。「まさか、あんな日が来るとは思いもしなかった」。V1戦士たちと歩んだ若き日の記憶が、その喜びを膨らませた。

70人の証言 17

1966年

佐野真樹夫さん(76)

さの・まきお
1943年12月20日生まれ。野手。66～69年に在籍。浜松市在住

本当にお呼びが掛かるか…。不安だった

球団初の「ドラフト1位」は、いやがおうにも注目を浴びた。1966年の初練習から、バットを振るだけでおびただしい視線とシャッター音。「おじいちゃんには一喝された。そんな大振りじゃプロの球は打てん。すぐに変えろってね」。ヘッドコーチに就任した初代監督、石本秀一からは怒鳴り声も浴びた。

専大は65年に東都リーグ春秋連覇、全日本大学選手権も含めた3冠に輝く。プロ入りを望む主将で4番の三塁手は、スカウトたちに注目されている手応えがなかった。前年までは、勧誘される先輩たちの姿を見てきた。違いは「ドラフト会議」という新制度。「本当にお呼びが掛かるのか…。駒大や慶大の同期に電話してみても、情報のなさに不安が増すだけだった」。同年11月17日の第1回ドラフト会議の当日、大学の構内でいきなり報道陣に取り囲まれ、1位指名を知った。

広島は意中の球団だった。専大OBの森永勝也や古葉竹識、興津立雄らが主力として活躍し、前主将の寺岡孝も入団していた。12月、3冠のご褒美だったハワイ遠征から戻ると、羽田空港に広島のスカウトたちが待ち構えていた。連れ去られるように乗り換えを済ませ、広島へ。「とにかく契約をせかされた。寺岡さんは契約金2千万円だったと聞いたが、僕は（新制度で定められた）上限の1千万円。100万円だけ手渡され、残りは年明けに分割払いだった」。契約を急ぐ光景は、選手獲得が自由競争だった前年までの慣習だった。

日南キャンプで白石勝巳前監督(右端)から声を掛けられる佐野さん④らドラフト1期生(1966年2月)

入団会見で「バット一本かついで勝負」と語れば、勝ち気な性格と騒がれた。「静岡人はおおらか。全国から集まった猛者たちに負けちゃならんと思い、強がっただけなのにね」。妻瑠美さんとは学生結婚。休日に二人で広島市内を出歩こうものなら、ファンから球団へ「新人が女と遊んどる」と通報された。

頭部死球で長期離脱したり、夏場の体重減に悩まされたりで「猛者たちを押しのけるほどの気概がなかったよ」。4年目を終えた69年オフ、酒屋を継ぐために古里の浜松へ戻った。

大卒でドラフト1位。コーチ候補生と見込まれていたことは、退団後に伝え聞いた。ほどなく指導熱に目覚め、中学野球の監督を40年余り務めた。教え子の長男心（こころ）が、92年に中日へ6位で入団。史上初となる親子2代のドラフト指名で、また注目を浴びた。

70人の証言 18

1967年

完全試合
2度も立ち会えて
幸せよ

東山親雄さん（77）

ひがしやま・ちかお
1943年5月15日生まれ。捕手。67〜74年に在籍。広島市南区在住

セ、パ両リーグで計15度ある完全試合は、ウエスタン・リーグではたった1度しかない。1967年5月10日、広島市民球場の近鉄戦でプロ13年目の鵜狩道旺が達成。リードした新人捕手は「最後は確かセンターフライよ。2軍じゃけえ騒ぐことはないが、やっぱりしびれたよね」と、独特の緊張感を懐かしむ。

春先からあらゆる投手の球を受け、その球威に衝撃を受けた。「速さだけなら外木場（義郎）じゃね。でもコントロールが悪い。白石（静生）も速かった。まだ投手だった水谷（実雄）も速かったね」。鵜狩の印象は限りなく薄かった。

2軍はおおむね、午前10時台にプレーボールした。「コントロールがええけえ、四球を出さん。昼までには終わったんじゃないかな」。直球、カーブ、ごくたまにシュート。三つの球種を組み合わせ、小気味よい99球で打者27人を封じた。

「死球もだめじゃけえね。七回ぐらいからはシュートのサインを出せんかった。外野手はこっちへ打たせるなという感じで、落ち着きがなかったね」。守備位置を確かめる外野陣が、文字通り右往左往する光景をはっきりと覚えている。

1軍は球団創立以来、18年連続Bクラス。「なぜか2軍は強かった。勝って当たり前」。ウエスタン・リーグは48試合を40勝7敗1分け、勝率8割5分1厘で7年ぶり2度目の優勝を飾った。3年目の衣笠祥雄が実戦経験を積み、広島商高出のルーキー三村敏之は遊撃でフル出場した完全試合の夜、1軍の巨人戦でベンチ入りした。後のV1戦士たちが着々と力を蓄えた。

捕球技術、盗塁を阻むスローイング、インサイドワーク…。守備ではどれを取っても正捕手の田中尊に及ばず、2歳上の久保祥次にも後れをとった。3番手捕手として1軍にいた68年9月14日の大洋戦、広島市民球場で再びあの独特の緊張感を味わう。

「まだブルペン捕手なんておらんから、わしの役目。あの日は誰も投球練習せんかったんじゃない。一塁側のファウルグラウンドで、最前列のお客さんみたいじゃったもんね」。制球力を磨いた外木場が16三振を奪い、セ・リーグ7度目の完全試合を達成した。

「2度もパーフェクトに立ち会えて幸せよ」。衣笠、三村との3人だけが味わった貴重な体験。とりわけマスクをかぶった快挙の思い出は、控えめな記念盾とともに大切にしている。

秋季練習で上田利治コーチ（手前右）の指示を聞くナイン（1967年11月1日）

70人の証言 19

1968年

竜 憲一 さん(83)

りゅう・けんいち
1937年4月28日生まれ。投手。62～70、72、75～87年に在籍。広島市佐伯区在住

それまでは駄目じゃ…と諦めが早かった

創立から18年連続Bクラス。負け癖が染みついたカープに、変化の時が訪れた。

1968年、コーチの根本陸夫が監督に就任。きっぷが良く人望があり、猛練習と大胆な采配が特徴的だった。31歳のベテラン右腕は「それまでは駄目じゃ、またか…と諦めが早かった」。そんな雰囲気が変わり、球団史上初のAクラス入りを果たした。

「投げ込みと走り込みを大事にする監督だった」。投手陣は春季キャンプで1日に500球を投げる日もあった。根本の意図はこうだ。「投手は疲れ果てたら自然と楽な投げ方をする。それを身に付けるんだ」。一理あるなと納得した。

体をいじめ抜いた後輩たちはぐんぐん成長した。安仁屋宗八が23勝、外木場義郎は21勝を挙げ、チーム防御率2・91はリーグ2位。「走ることに自信があったんだが、ある練習で安仁屋に抜かれて負けた。入団時は細い体ががっちりした。よく遊び、よく練習しとるなと感心した」

ただ、自らは峠を越えていた。主に救援として62年から5年間で計299試合、910回1/3を投げたことが原因で67年に右肘を痛めたからだ。「肘の4カ所が肉離れのようになってね。シュートとスライダーの投げすぎで負担が大きかった」。根本監督からたびたび肘の状態を聞かれた。

「打撃の職人」と呼ばれた山内一弘が、阪神から加入した。「宿舎で同部屋の山本一義を訪ねてきては、明け方まで打撃論を交わす。横で聞いてると寝そびれた」。バットを内側から出して内角をさばくため、壁と数十センチの間を取ってスイングする練習を聞いた。「シュート打ちがうまいはずだ」。リーグ3位の打率3割1分3厘を記録したベテランの存在は大きかった。

Aクラス入りを決めた10月10日。10―7で勝った巨人戦（後楽園）のダブルヘッダー第2試合で中継ぎ登板したが、「よう覚えとらん」。34試合で1勝3敗と不本意な成績で、球団初の3位を飾った喜びには浸れなかった。

70年の引退後は投手コーチを務めて、75年のV1に貢献。3位になった78年には想定外のご褒美があった。「松田耕平オーナーがいたく喜んで、オフに首脳陣や選手をグアム・サイパンに連れて行ってくれたんだ」。68年はなかった「3位旅行」で訪れた南国の風に包まれ、しみじみとAクラスの充実感を味わった。

山内⑧と打撃論を交わす山本一⑦。中央は小森光生コーチ(1968年)

70人の証言 20

1969年

井上弘昭さん(76)

いのうえ・ひろあき
1944年5月21日生まれ。野手。68～72年に在籍。愛知県日進市在住

コージが少々のことで休まなくなった

スター候補生の出現に心騒いだ。地元広島出身で東京六大学の花形選手。ドラフト1位の新人、山本浩司（後に浩二）である。「法大出身だから、根本（陸夫）監督の後輩だろ。きっと重用されると思ったね」

1969年の春季キャンプ。大型新人の一挙手一投足に注目が集まった。打撃と走塁もさることながら、中堅の深い位置から捕手にノーバウンドで投げる強肩に誰もが驚いた。左翼は「打撃の職人」山内一弘、右翼はチームの顔ともいえる山本一義がいたから、外野は中堅しか空いていなかった。

1年早く入団したドラ1の外野手は「自分も社会人時代は全日本の4番。走攻守のどれをとってもかなわないとは思わなかった」。だが開幕以来、先発メンバーに名を連ねるのは、山本浩だった。自身はベンチを温める日々が多かった。

「試合に出ないとうまくなれん。たとえば同世代の好投手に平松（政次、大洋＝現DeNA）がいた。胸元をえぐるカミソリシュートには手が出ないけど、ボール半個分甘くきたら打ちごろになる。実際打席に立たないと分からんことがいっぱいある」

出場機会に飢えていたところに、チャンスが転がり込んできた。7月12日、北海道での大洋戦（北見）。山本浩が第1打席で死球を受け、交代出場した。先制適時打、さらに1号ソロ。翌日から先発機会をもらい、快打を重ねた。

「休むと誰かに取って代わられる。コージは身に染みたんだろう。あそこからだな。彼が少々のことでは休まなくなったのは」

山本浩が先発メンバーに復帰すると、けがの山内に代わって左翼を守り、主に1番を打った。102試合に出て、打率2割5分2厘、12本塁打。打率では山本浩を上回った。

広島で5年プレーし、中日に移ってからも、山本浩は好敵手だった。カープが初優勝した75年。厘差、毛差の首位打者争いを繰り広げる。広島との最終戦では、公式戦初となる満塁での敬遠も経験した。シーズン最終打席となった阪神戦では、1本打てば逆転でタイトル奪取という場面で、相手投手の球は腰を直撃。山本浩が首位打者となった。

「コージには感謝してるんだ」。75年の149安打はリーグトップ。「負けまいと死ぬ気でやった時期があったから、中日で花を咲かせることができた。一緒にプレーしたのは4年か。いい思い出だな」

山内㊧とペアで柔軟体操する新人の山本浩(1969年1月20日)

1960年代の成績・出来事

年	監督	順位	成績 勝	敗	引分	勝率	主な出来事
1960	白石勝巳	4	62	61	7	.504	終盤に球団最多の9連勝を飾り、初めてシーズン勝ち越しを遂げた。巨人を17勝8敗1分けと圧倒。26勝の大石清は、巨人戦で8勝3敗と強かった。藤井弘がリーグタイの4試合連続本塁打を放った。
1961	門前真佐人	5	58	67	5	.465	阪神に初めて勝ち越した。8月20日に広島市民球場で藤井弘が2打席連続2ランを放って確定。最終的には18勝7敗1分けと圧倒した。藤井は7月16日の国鉄戦で球団初の逆転サヨナラ本塁打も放った。
1962	門前真佐人	5	56	74	4	.431	年間を通じて快打を重ねた森永勝治は、リーグ唯一の打率3割(7厘)をマークした。投手は大石清が3年連続の20勝を挙げ、新人の池田英俊も16勝と健闘した。1点差負けが20試合あり、投打にわたって勝負弱さが際立った。
1963	白石勝巳	6	58	80	2	.420	12年ぶりの最下位に沈んだ。チーム打率2割5分3厘は初のリーグ1位も、防御率3.83は同6位の「打高投低」。古葉毅(後に竹識)が長嶋茂雄(巨人)と激しい首位打者争いを演じ、顔への死球で望みが消えた。
1964	白石勝巳	4	64	73	3	.467	6月30日の阪神戦(広島)が史上初めて「誤審」で中止となった。阿南準郎の送りバントが小飛球となり、投手の捕球を巡って判定が二転三転。2時間29分の中断後に打ち切られ、ファンの暴動を招いた。
1965	白石勝巳 長谷川良平	5	59	77	4	.434	5月1日に10勝5敗1分けとし球団創立から初めての単独首位に立った。その後は投打ともに振るわず、白石勝巳監督が休養。後半戦は長谷川良平投手コーチが代理監督を務め、11月に監督就任した。
1966	長谷川良平	4	57	73	6	.438	東京の文化人が「広島カープを優勝させる会」を結成。世話人の佐々木久子さんは「太陽が西から昇ることがあっても、カープが優勝するなんて絶対にないねと、周囲からこぞってばかにされてねえ」。
1967	長谷川良平	6	47	83	8	.362	12月に東洋工業(現マツダ)の松田恒次社長がオーナーとなり、球団名を「広島東洋カープ」に改めた。根本陸夫コーチが監督に就任、「打撃の職人」と呼ばれた山内一弘を阪神からトレードで獲得した。
1968	根本陸夫	3	68	62	4	.523	9月14日の大洋戦(広島)で外木場義郎が史上10人目の完全試合をリーグタイの16奪三振で達成。球団初の最優秀防御率(1.94)で初タイトルも手にした。古葉竹識は2度目の盗塁王(39)に輝いた。
1969	根本陸夫	6	56	70	4	.444	4月は首位で終え、シーズンを最下位で終えた。打線は若返りが進み、22歳の衣笠祥雄と山本浩司(後に浩二)が規定打席をクリア。11年ぶりに規定打席に届かなかった32歳の古葉竹識は、12月に南海へトレード移籍した。

1970年代

1970 1979

球団結成26年目で初めての優勝が決まった瞬間、選手だけでなく、
ファンも古葉竹識監督の胴上げに加わり、喜びを分かち合った
（1975年10月15日、後楽園球場）

70人の証言 21

1970年

白石静生さん(76)

しらいし・しずお
1944年5月22日生まれ。投手。66～74年に在籍。徳島市在住

投手に当てろ… できるわけない

「満身創痍(そうい)だった。プロ5年目の1970年も、試合前のランニングはいつも最後尾。入団直前に故障した右アキレス腱(けん)が悪化し、左も痛めていた。左脚内転筋のけがで入院した過去もある。「横着」「走れんのによく投げられるのお」という声を受け流し、先発と救援で13勝を挙げた。

安仁屋宗八、外木場義郎、大石弥太郎との先発4本柱で、唯一の左腕として重宝された。69年の11勝に続く2桁勝利。「足の状態は最悪だったね。テープで両足首をきつく巻き、痛み止めの注射をして投げていた」。秋には米教育リーグにも参加した。

だがマウンドでは、そぶりも見せない。5月はヤクルト、6月は阪神を完封した。クロス気味に決まる直球と縦に大きく割れるカーブを武器に抜群の安定感。7月は5連投も経験した。

「打者は俺の勝負球の一つはスライダーだと思っていたらしい。実際は真っすぐ。それほど良くきれていた」「プロで覚えたカーブでも勝負できるようになった。外木場のカーブにはかなわなかったけどね」

4本柱がいずれも2桁勝ち、球団創立以来3度目の勝率5割超え。ただ2度目のAクラス入りは果たせなかった。原因の一つは特定の投手に弱かったこと。巨人の渡辺秀武に7敗、大洋(現DeNA)の坂井勝二に6敗。ともに右下手投げで、渡辺には5月に無安打無得点を喫している。

「日付も球場も定かじゃないが巨人戦、ベンチから渡辺さんに当てろと指示された。故意死球、しかも投手相手なんて悪質。『できるわけない』と突っぱねて勝負、ヒットを打たれた」

この「故意死球拒否事件」は後に、ゆがんで伝わったという。ぶつけるくらいの気迫でいけという指令に、「できない」と尻込みしたということになったのだ。良くいえば優しい、悪くいえば度胸がないということである。

「釈然としない。気弱な投手が17年間投げられるわけがない」

実際は首脳陣に直言もしたし、反抗もした。74年オフには新監督ジョー・ルーツと対立。治療のため左肩に入れていたはりを抜けと命じられ、言下に拒否した。阪急(現オリックス)にトレードされた理由だと今も思っている。

阪急では日本シリーズ3連覇。77年には日本一を決めた試合で勝利投手になった。「あちこちに傷を抱えながらよくやったと思う。プロ生活に悔いはないけれど、カープで優勝できなかったのは残念だね」

初めて米教育リーグに参加し、1カ月ぶりに帰国した白石さん(右から2人目)ら主力選手(1970年11月26日)

70人の証言 22

1971年

深沢修一 さん（72）

ふかざわ・しゅういち
1948年6月17日生まれ。野手。68年途中〜81年に在籍。山梨県北杜市在住

実績問わない広岡塾 日本刀一振り

「日南春季キャンプの「広岡塾」は、夕食後の宿舎で始まる。日中の猛練習で疲れた体にむち打って、「塾生」は青年コーチにぶつかる。「実績は問わない。現時点でいいか悪いかで選手を見る人だった。若手にとってこんなチャンスはなかった」。プロ4年で出場1試合の外野手は、1971年の春に門をたたいた。

「塾長」は後にヤクルトや西武の監督を務め、両球団を日本一に押し上げた広岡達朗コーチ。根本陸夫監督が招き、71年は広島で2年目のシーズンだった。前年は三村敏之が遊撃の定位置を奪取。この年は三村に続けと、若ゴイたちが競い合った。

広岡の電球のひもに短冊形の紙をつるす。揺らぐ紙が静止した瞬間、手にした日本刀を振り下ろす。真っすぐ切れればOKだが、思うようにはならない。「うまく切れたら、紙はひらひらと舞うんじゃなく真っすぐ床に落ちる。集中力とタイミング。動きに無駄があっても余計な力が入っても駄目」。技術指導と並行して、動作を含む基礎を徹底的に体に覚え込ませる。それが広岡流だった。

71年は水谷実雄がレギュラーとなり、打率2割8分3厘はリーグ3位だった。68年途中に巨人から移籍してきた自身も、先発44試合を含む96試合に出場。1軍に定着した。

古里の山梨でプロ初本塁打を放ったのは翌72年、忘れもしない5月2日のヤクルト戦だ。試合後に山本浩司（後に浩二）、衣笠祥雄に「話がある」と食事に誘われ、「深沢は巨人にいたから分かるだろ。なぜあんなに強いんだ」と問われた。「長嶋（茂雄）さんと王（貞治）さんがいるからですよ。カープ打線にも両輪がいるじゃないですか」と答えると、2人は途端に真顔になった。

「コージさんもキヌさんも本気で優勝するつもりなんだ、2人がそうなら遠くないうち優勝できる。その時、確信したんだ」

75年の初優勝には、主に代走、守備固めで関わった。後楽園球場での巨人戦、優勝決定の瞬間は右翼を守っていた。「胴上げの輪に向かって走りながら、もう野球をやめてもいい、なんて思った。同じように感じていた選手は多かったんじゃないかな」

古里で営むバッティングセンターにはカープ黄金期の写真やパネルが並ぶ。店名は「31（サーティーワン）」。心身を磨いてくれた「塾長」から受け継いだ、カープ時代の背番号である。

日南春季キャンプでノックする広岡コーチ（1971年2月）

70人の証言 23

1972年

佐伯和司さん(68)

さえき・かずし
1952年6月5日生まれ。投手。71～76、81～86、2000、01年に在籍。広島市佐伯区在住

10試合やったら 10試合とも負ける

真っ青な空から強い日差しが注ぎ、緑芝がまぶしかった。スプリンクラーが定期的に水をまき、その輝きが増す。初の海外キャンプで訪れた米国の環境に、19歳の右腕は目を見張った。「カープはお金がないって言われていたのに…。最高で、楽しいばっかりだった」

1972年2月25日から総勢36人がアリゾナ州入り。3週間にわたってインディアンスのキャンプ地で鍛える。首脳陣の方針で、外木場義郎と一緒にチームを離れ、インディアンスの練習に加わった。広島・広陵高で春の甲子園4強。地元の逸材として71年にドラフト1位入団し、完封を含む4勝。その力を認められ、期待をかけられた。

驚きの連続だった。外国人投手と手のひらを合わせれば、まるで大人と子ども。ボールは日本の公式球より大きかった。「縫い目も低くてよう投げられんかった」と悪戦苦闘。後にメジャー通算314勝を挙げるゲイロード・ペリーらの球威に目を奪われた。「(豪腕の)外木場さんがブルペンで投げても『まあまあの球』に見えてしまう」

練習法の違いにも目を丸くした。ウオーミングアップはスパイクを脱ぎ、はだしで芝生の上を軽く走る。「朝に霜が降りて、ぬかるむ日本の土のグラウンドじゃあ考えられん」。日南では150球の投げ込みが当たり前だったが、米国では40球程度でストップがかかる。「足りるんかなと思ったが、投手の肩は消耗品なんだと指導された」

現地での練習試合でチームは1勝3敗。「どの試合かは忘れたが、抑えられなかった。10試合やったら10試合とも負ける」。超高校級と騒がれたプロ入り前、大リーグのジャイアンツからの誘いがあった。「米国に行っていたら、めった打ちされたはずだ」

この年のカープは3年ぶりの最下位。画期的なキャンプは成績に直結しなかったが、確かな実りはあった。インディアンスのコーチだったジョー・ルーツと出会い、75年の監督就任につながる。

ルーツ監督は75年、わずか15試合で帰国する。自らが投じたカーブを巡る判定が引き金だった。あれから45年余り、広島市安佐北区の弁当販売会社の課長を務める今も、その球筋は鮮明に覚えている。「歩かせてもいい。捕手がボールのコースに構え、その通りに投げた」。意図通りのボール球が意図せぬ監督交代を招き、そしてV1へとつながった。

初の海外キャンプに臨んだ佐伯さん(右端)らカープナイン(1972年2月)

70人の証言 24

1973年

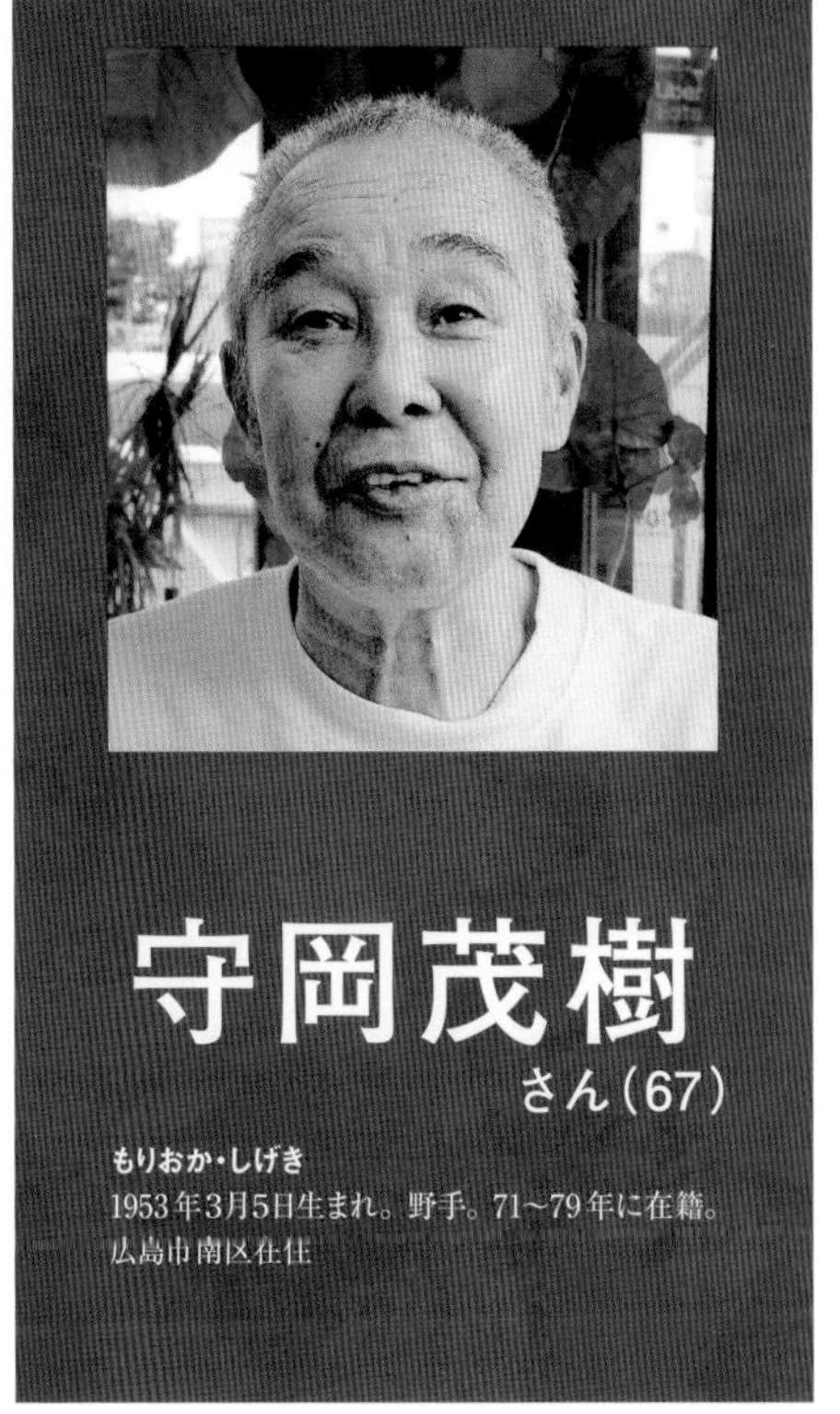

守岡茂樹 さん(67)

もりおか・しげき
1953年3月5日生まれ。野手。71～79年に在籍。広島市南区在住

外国人 ライバルであり、頼もしい仲間

「外国人との定位置争いが始まった。1973年、身長194センチの外野手ヒックスが入団。外国人選手では初めて2月の日南春季キャンプに参加した。「背丈も打球も大きいが、スイングは粗い。歯が立たん相手じゃなかったね」。身長169センチの外野手は、肩を並べて張り合う自信があった。

カープは72年に外国人選手の補強を解禁。別当薫監督が就任した73年、ヒックスと内野手マクガイアがそろって開幕スタメンに名を連ねた。「別当さんは大きいのが打てる選手が好きじゃったね。わしみたいに、ちょこちょこ当てるタイプは使ってもらえんかった」。プロ3年目の左打者はこの年、初めてシーズン無安打に終わる。

外野の中心には山本浩司（後に浩二）がいた。めっぽう肩が強く、足が速かった。「左翼で正面のフライを捕ろうとしたら、中堅から追い付いたコージさんに押しのけられた」と苦笑い。その左翼は、強打を誇る水谷実雄が定位置をつかんだ。山本一義がピークを過ぎ、右翼が狙い目ともくろんだが、外国人選手が加わった。

ヒックスが2年で去り、75年にシェーン、77年にはライトルが来日した。「年々、いい外国人がやってきた。ライトルは守備もうまく、三塁送球はコージさんよりも速い。わしの球はまるでスローボール」。約10年間、右翼は長打力を備えた外国人選手の「指定席」となり、自らは代打人生を余儀なくされた。

ヒックスに右翼を奪われた73年、同期の佐伯和司はチームトップの19勝を稼ぎ、金城基泰は10勝を挙げ、永本裕章は登板数を増やした。「ええよね。投手は世代交代の過渡期だった」。カープが外国人投手の獲得に乗り出すのは、まだ10年以上も先である。

山本浩、水谷、衣笠祥雄、三村敏之ら日本人の主力は右打者がずらり。「左打ちだから、ずっと1軍におることができた。でも、試合前の打撃練習は10球ぐらいしかできん」。控えであり続けることで、打力の差は開く一方だった。

黒船の波にあおられたような外野手人生だった。シェーンが右翼で出続けた75年も、出場はわずか28試合。代打で打席へ向かう際、ホプキンスの切実な表情が忘れられない。「打ってかえすから、塁に出てくれ。そんな感じよ。彼らはライバルであり、頼もしい仲間。一緒に戦えて、幸せな経験ができた」。肩を抱き合い、初優勝の喜びを分かち合った。

身長165センチの国貞泰汎㊧と肩を組むヒックス(1973年)

70人の証言 25

1974年

阿南準郎さん(83)

あなん・じゅんろう
1937年9月2日生まれ。野手。56〜67、74〜88年に在籍。広島市南区在住

ルーツ監督就任 不安しかなかった

球団初の3年連続最下位に終わった1974年、ヘッドコーチのジョー・ルーツが新監督に就任する。11月6日のスタッフ会議は、ファンへの理解を深めたいという意向で報道陣に公開。通訳が口を開くたび、熱心にメモを取る2軍守備・走塁コーチは耳を疑った。「理解するどころじゃない。あまりに練習時間が短く、量が少ない。不安しかなかった」と眉根を寄せる。

野手はバットを振り、ノックを捕り、投手はミットを響かせる。積み重ねと反復で鍛えてきた伝統を、真っ向から否定するような春季キャンプの青写真が示された。「ブルペンでの投球練習は一日30球まで。投げちゃいけない日もあった。今では日本にも球数制限なんて言葉があるけれど、そんな発想さえもなかったからね」と苦笑いを浮かべる。

猛練習が消え去ったかといえば、そうでもない。2軍主体の秋季練習へ、1軍から深沢修一、木下富雄、守岡茂樹、乗替寿好の4選手を加えるように指示。伸び盛りの有望株を、重点的に鍛え上げる強化指定選手として「特別扱い」した。その一方で、ベテランや主力は「大人扱い」した。外木場義郎には75年の開幕投手を告げ、中3日を軸に年間40試合の先発スケジュールを伝えた。

米国へ戻ったかと思えば、ほどなくコーチ陣宛てのエアメールが届いた。「オープン戦からの先発ローテーション、主力野手の出場予定などが大量の便箋にぎっしり書き込まれてあった。日本は積み上げた結果によって決める、足し算が当たり前だった。この逆算の調整法を理解するには、ずいぶんと時間がかかったね」

革命家のルーツ監督は、激情家として語り継がれる。「普段は物静かな人だった。オーバーアクションや激しい口調には、それなりの計算があったのかもしれないね」。75年は5月の監督交代を機に、1軍の内野守備・走塁コーチを務めて初優勝に貢献した。

コーチ経験を積む過程で、米大リーグの秋季教育リーグには計5度参加した。「メジャー選手は大人扱いで責任を与え、マイナー選手は特別扱いで鍛える。全員が均一で均等の練習に励む日本とは、考え方が違う」。ルーツの意図が腹に落ちた86年、監督に就任。山本浩二と衣笠祥雄をこの上なく大人扱いして、V5を遂げた。

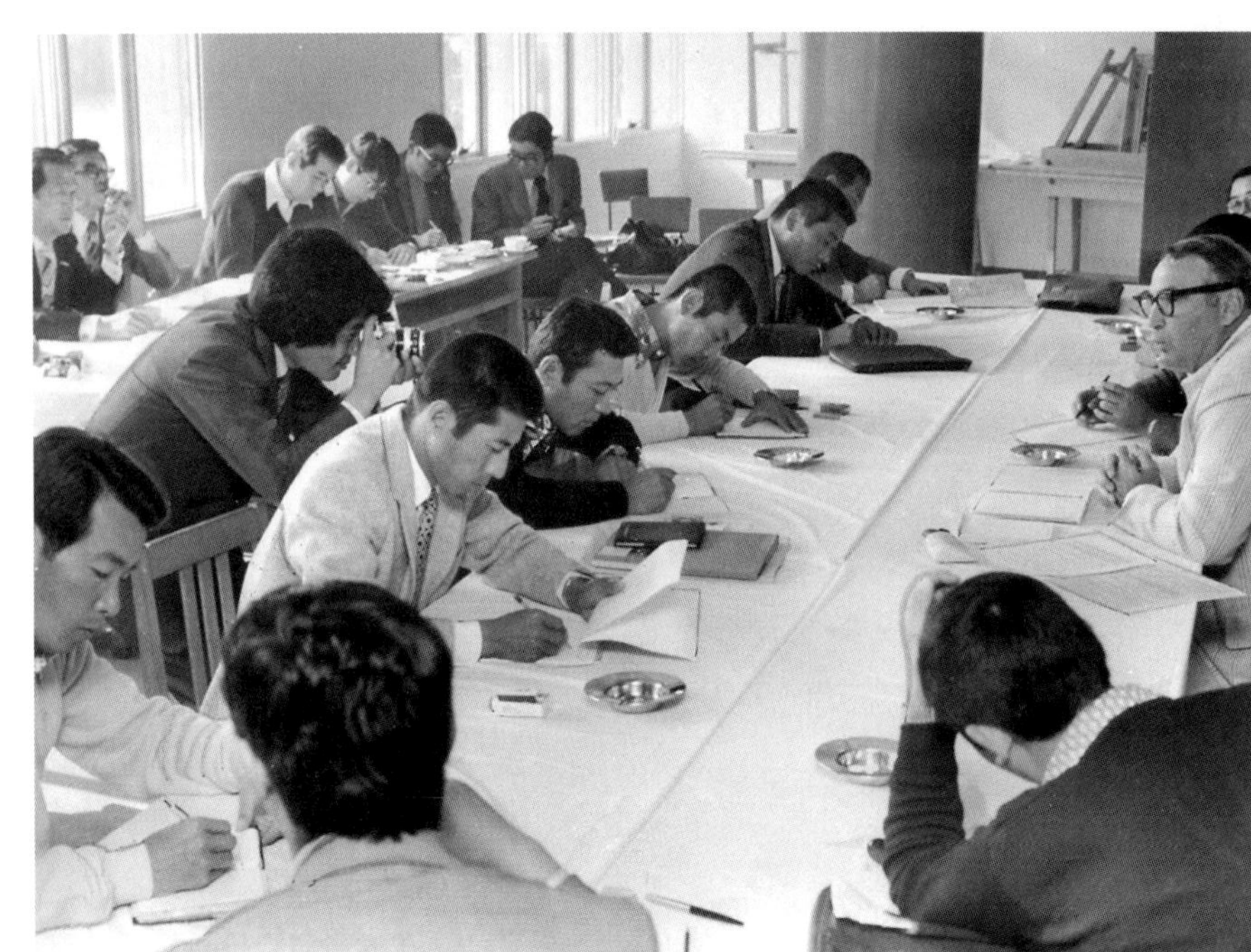

ルーツ監督(右端)が報道陣に公開したスタッフ会議(1974年11月6日)

70人の証言 26

1975年

初優勝を決めて新幹線で広島へ戻ったナインは、盛大な出迎えを受ける(1975年10月16日)

外木場義郎さん(75)

そとこば・よしろう
1945年6月1日生まれ。投手。65〜90、96〜99年に在籍。広島市西区在住

新幹線が広島直通 あれで優勝

「エースのフル回転がなければ、悲願のV1はありえなかった。その20勝右腕が声を大にして言い張る。「(東京から)岡山までだった新幹線が、広島までつながったでしょ。ものすごく楽になった。あの年から野球道具を自分で運ばなくてもよくなった。あれがなければ、優勝はありえませんよ」

1975年の開幕まで1カ月を切った3月10日、岡山—博多間の開業で山陽新幹線が全線開通した。在来線特急を乗り継ぎ、6時間半余りかかっていた東京—広島間が約5時間で結ばれた。「本を読んだり、対戦相手のデータを眺めたり。のんびり眠れたし、リラックスできる時間だった」と、柔らかな笑顔で「直通効果」を振り返る。

山本浩二や衣笠祥雄ら主力の大半は、東京と広島を飛行機で行き来した。移動時間は短く、観音(現広島市西区)の空港は広島市民球場から近かった。自身も72年の「あるフライト」までは飛行機派だった。

梅雨空へ飛び立ったプロペラ機は、着陸まで激しく揺れ続けた。「突風に吹かれる木の葉になった気分。何度も墜落すると思いましたよ。降りる時に客室乗務員に聞いたら、こんなの初めてと真っ青な顔をしていましたからね」。以降は新幹線派に転じている。

75年の指揮を執るジョー・ルーツは、遠征地へ野球用具を運ぶ専用トラックを導入した。それまでグラブ、スパイク、ユニホームなどは各自の手荷物。野手はバット、捕手はマスクやプロテクターも抱え、足取りは鈍かった。「もう重たいの何のって。重労働を免除された気分」。中3日で先発するエースは、余分な疲れから解き放たれた。

グラウンド外で選手に優しい「改革」を施したルーツ監督も、グラウンドでは厳しかった。遅刻や門限破りだけではなく、気の抜けたプレーにも容赦なく罰金を命じた。

開幕直後に1度、罰金を徴収された。「三塁線へ転がした送りバントがファウルになりかけ、走り出しが遅れた。きっちり走者を進めても、怠慢とみなされてね。金額は明かせませんが1、2万円じゃないですよ」と苦笑いする。

移動のストレスが緩和され、日々の戦いでは気を抜けない緊張。温存した体力と高めた集中力で、カープは9月以降を19勝4敗4分けで駆け抜け、初の頂点へたどり着いた。

70人の証言 27

1976年

気迫の守備 スパイと言われなくなった

萩原康弘さん(73)

はぎわら・やすひろ
1947年11月17日生まれ。野手。76〜82年に在籍。東京都豊島区在住

連覇の難しさを思い知った。1976年、カープは開幕直後に5連敗を喫する。とりわけ手ごわかったのは巨人。前年、球団初の最下位に沈んだ「盟主」の目の色は変わっていた。

「調子を落とした投手や実績の乏しい投手をカープにぶつける、なんてことをしていたのがそれまでの巨人。この年は違ったね」。巨人から移ってきた左の好打者は、そう振り返る。後楽園で3連敗。翌週の地元3連戦も負け越し、加藤初には無安打無得点を許した。

「ファンの怒りの矛先は俺にも向いた。『萩原が古巣に情報を流している』なんてね。打席に立つと『スパイ』とやじられた」。1、2本の安打では風当たりは弱まらなかった。

巨人戦のダイビングキャッチで骨折し、負傷交代する萩原さん㉘(1976年6月4日)

評価を変えたのは古巣相手(6月4日・広島)でのプレーだった。左翼で先発し、左中間を破ると思われた打球を横っ跳びして捕った。右鎖骨の骨折と引き換えに、巨人の追い上げムードを断ち切った。

「試合中に病院へ運ばれたんだけど、玄関に50人ほどファンが待っててね。歓声と拍手に送られて入院したんだ。あれからスパイだなんて言われなくなった」

翌日は古葉竹識監督夫妻、全スタッフが見舞いに来た。「監督が『おまえをとって大成功だった』と言ってくれてね。発奮しないわけにはいかんだろう。あれから俺は本当の意味でプロ選手になったんだ」。カープのために捨て石になろう。そう決めた瞬間だった。

シーズン途中に復帰。特に巨人戦での働きが目立ったのは「かつての同僚に『萩原はどっこい生きてるぞ』という意地を見せたかったから」。長嶋茂雄監督の胴上げを許した10月16日の巨人戦(広島)は、九回2死で打席へ。最後の打者にはなりたくない一心で渋い安打を放った。同年、巨人戦の打率は3割1分8厘だった。

79年の日本シリーズ第7戦で勝ち越しのきっかけとなる安打、80年はV3を決定づける逆転満塁アーチ…。気迫を込めたバットは快音を響かせ続けた。

引退後は東京・JR目白駅の近くで喫茶店を営む。「3、4年前、2人連れの客が来て、俺が骨折したときに見舞ったと言うんだ。病院に来て励ましてくれた小学生がいたが、その時の彼らだったんだ」

広島を離れて40年弱。「いまだに俺を覚えてくれているファンがいると感激した。俺にとっても、あのトレードは大成功だったんだな」

70人の証言 28

1977年

新美 敏 さん(68)

にいみ・さとし
1952年8月2日生まれ。投手。77～91年に在籍。川崎市在住

移籍戸惑う俺に「いいから来い」

「カープで一番の思い出は、段ボール箱いっぱいの「じゃがいも」だという。1977年、日本ハムから移籍加入。2軍暮らしが長く続いた。「札幌遠征に行けないとね、(広島)市民球場の俺のロッカーに置いてあんの。球団からのお裾分け。気にかけてもらって、うれしくなるわけさ。今風に言えば、ほっこりするってやつかな」

73年に日本ハムの前身である日拓に入団。12勝を挙げ、新人王に輝いた。ところが、2年目のある試合を境に「心に燃えるものがなくなった」と明かす。「阪急の福本(豊)さんに四球を与え、二盗、三盗、犠飛で失点。すると球団の偉い人から、八百長やってんのかって言われてね」。気持ちとともに、成績も落ち込んだ。

2勝に終わった76年の秋、トレードのうわさが飛び交う。「新聞には巨人の柴田(勲)と交換なんて書かれてたっけな」。中ぶらりんな心境で過ごすオフ、まだ婚約者だった妻の実家で電話が鳴った。相手は広島の古葉竹識監督。トレード移籍が決まった知らせだった。「うそでしょ。どうして居場所が分かったの。カープが地元のスターである佐伯(和司)を出すはずがない。戸惑うばかりの俺に、『いいから来い』とだけ言ってくれた」。同じ熊本出身の先輩の誘いが、心に小さな火をともした。

先発として期待された77年は3勝7敗、防御率は6点台に沈んだ。「日本ハムで2年以上も遊んでいたわけだからね。そう、うまくいくはずはない」。ここから2軍暮らしが長く続く。30歳手前で若手と一緒に米国の教育リーグに参加。鍛え直したプロ11年目の83年、中継ぎで復活を遂げた。

「先発も抑えもやったけれど、敗戦処理が一番難しい。カープファンも敵になるのさ。逆転すると信じているところで追加点を取られようもんなら、一斉にため息を浴びせられるからね」。引退する87年までの5年間、76試合で2勝1敗。勝ち負けの付かない仕事にやりがいを見いだし、心を燃やし続けた。

移籍したばかりの77年2月、日南の春季キャンプの休日も思い出深い。「パチンコ屋でね、松田(耕平)オーナーが『調子はどうだ』って隣に座るのさ。パチンコの話か、野球の話かは分からないけれど、ほっこりしたなあ」。東京都のクラブチームで監督を務める今、家族的な雰囲気づくりに心を砕いている。

新美さんが移籍初先発した中日戦はギャレット㊨とバッテリーを組んだ(1977年4月19日)

70人の証言 29

1978年

苑田聡彦さん（75）

そのだ・としひこ
1945年2月23日生まれ。野手。64〜77年に在籍。東京都杉並区在住

青森駅。やっていけるんかと涙が出た

1978年の春、33歳の新米スカウトは上野発の夜行列車に揺られた。目的地は青森県弘前市。高校野球の地方大会が開かれる。関東以北の担当を任され、初めて単身で乗り込んだ。「青森駅で乗り換えた時に、青函連絡船の汽笛が聞こえてね。やっていけるんかなと涙が出た」

不安でいっぱいだった。古里の福岡と14年間プレーした広島しか住んだことがなく、東日本の地理はさっぱり。「標準語がしゃべれんかったもん。切符も買ったことがない」。弘前市内につくと双眼鏡でホテルの看板を探し当て、公衆電話で宿を予約した。「そこのおばちゃんが優しくしてくれてね」。心寂しい旅の数少ない癒やしだった。

広島スカウト陣にとって、東北に人脈はない。まずは地元の新聞記者を頼った。「球場でスコアブックを持っている人を探しては、名刺を渡して頭を下げた」。大会のトーナメント表も簡単には手に入らない。新聞社に電話で問い合わせ、手書きの表を作成した。

当時の東北地方でカープの知名度は低かった。東洋工業（現マツダ）の車や、赤い野球帽をかぶった少年は見かけなかった。「選手の家族には、広島はどこにあるのかと聞かれる。空路で説明すると『わー遠い』って驚かれる」。東北弁は聞き取りも理解も難しく、そんな時は相手の目を見て感情や意思を推し量った。

他球団との縄張り争いも激しかった。「球団の金を使って現地でつかんだ情報を教える訳にはいかない」と突っぱねられたり、わざと過小な評価を伝えてくる者もいたり。見るに見かねた古株のスカウトが、こっそり有力選手を教えてくれることもあった。

集大成は11月22日のドラフト会議。担当エリアから1位で木田勇（日本鋼管）、2位で大久保美智男（宮城・仙台育英高）の両投手を指名した。3球団競合の末に交渉権を獲得した即戦力左腕の木田が、まさかの入団拒否。「手応えはあったんだけど…。飯が喉を通らなくなった」。みるみると痩せ細った。

喜怒哀楽にまみれた1年目を土台とし、選手を見極める眼力や交渉術を養った。80〜90年代には江藤智や金本知憲、黒田博樹らを獲得し、カープの名物スカウトと呼ばれるようになった。「今は携帯電話やパソコンがあって、プロ志望届も出す。時代が違いますよ」。若い頃の苦労話を、ことさら後輩スカウトに語ることはない。

1位指名した木田との交渉が不調に終わり、肩を落とす重松良典球団代表㊨と木庭教スカウト部長（1978年11月29日）

70人の証言 30

1979年

打撃練習 ヨシヒコへの30球難しかった

長島吉邦さん(72)

ながしま・よしくに
1948年10月21日生まれ。投手。73～86年に在籍。広島市西区在住

「赤ヘル打線を支えた右投げの打撃投手は、1979年を渋面で振り返る。「じゃじゃ馬の世話が始まった。そりゃもう大変でしたよ」。初優勝の75年から大下剛史、山本浩二、衣笠祥雄、水谷実雄のフリー打撃を担当。大下の引退で空いた一枠に、鼻息の荒い高橋慶彦が加わった。

試合前のフリー打撃は一人に5分間で約30球、4人へ約120球を投げ込む。癖のない球筋を山本浩や衣笠らに見込まれ、「背番号18」を返上して打撃投手に転向。気持ちよく打たせる名人にとっても「ヨシヒコへの30球は難しかった。緊張の連続で、気疲れした覚えしかない」と振り返る。

高橋慶は「点で打つ」打者だった。俊足の22歳は、極端なダウンスイングで両打ちの習得に励む。「イチ、ニ」のタイミングで球をたたき付け、強いゴロを転がした。

山本浩らは「イチ、ニー、サーン」のタイミングで球を懐まで呼び込み、水平なスイングで打ち返す。そんな「線で打つ」打者とは違って、高橋慶のミートポイントは文字通り一点しかない。「ちょっとでも球が変化すれば、バットの芯を外れてしまう。打ち損じのゴロが続くと、露骨に顔に出すやつだったもんでね」。気疲れの要因はそこにあった。

不遜な態度を見かね、左投げのベテラン打撃投手が投球を拒むこともあった。強肩でも守りは粗く、この年は遊撃で20失策。「これには1歳下の北別府（学）が不満を顔に出していた。でもね、ヨシヒコの努力はみんなが知っていた」

シーズン真っ盛りの午前、三省寮では汗びっしょりの高橋慶が笑っていた。「ナイターで連戦なのに、朝から室内練習場でたっぷり打ち込んでいた。しんどいはずなのに、楽しそうなのよ。結果が出るもんだから、ますます楽しそう」

7月31日には33試合連続安打の日本記録を樹立した。シーズン55盗塁で初タイトルを獲得し、2度目のリーグ優勝に貢献。日本シリーズでは7試合連続の12安打でMVPに輝き、初の日本一を手繰り寄せた。

徹底的にたたき付けるスイングを磨き上げ、赤ヘル野球に欠かせぬ1番打者へ成長を遂げた。「どれだけ練習しても、けがをしないし、休まない。無事これ名馬ですよ」。打撃投手の緊張と気疲れは絶え間なく続き、カープ黄金期の輝きは増していく。

33試合連続安打の日本新記録を樹立した高橋慶(1979年7月31日)

1970年代の成績・出来事

年	監督	順位	成績 勝	敗	引分	勝率	主な出来事
1970	根本陸夫	4	62	60	8	.508	米大リーグの教育リーグに初参加した。備前喜夫コーチと白石静生、大石弥太郎、三村敏之、衣笠祥雄、山本一義、山本浩司（後に浩二）の主力6選手。10月末からアリゾナ州で約1カ月、アストロズの若手と技術を磨いた。
1971	根本陸夫	4	63	61	6	.508	5月に球団初の10連勝を遂げた。8月の広島市民球場では、1日に水谷実雄が球団初となる2試合連続サヨナラ打。19日の中日戦では、藤本和宏が球団2人目（3度目）の無安打無得点を達成した。
1972	根本陸夫 森永勝也	6	49	75	6	.395	外木場義郎が4月29日の巨人戦（広島）で無安打無得点。完全試合を含む3度の達成となった。7月に外国人選手のソイロ・ベルサイエス、トニー・ゴンザレスが入団。11月には初代監督の石本秀一氏が球団初の野球殿堂入りした。
1973	別当 薫	6	60	67	3	.472	帽子のマークが「H」から「C」に変わる。オフには別当薫監督が1年限りで辞任、森永勝也打撃コーチが新監督となる。南海の古葉竹識コーチが広島へ戻り、インディアンスのジョー・ルーツもコーチ就任した。
1974	森永勝也	6	54	72	4	.429	山本浩司（後に浩二）が腰痛を克服して打率2割7分5厘、28本塁打、74打点、いずれも6年目で自己最高だった。先発4本柱は外木場義郎を除く3投手をオフにトレードで放出。大石弥太郎と白石静生は阪急、安仁屋宗八は阪神へ移籍した。
1975	ジョー・ルーツ 古葉竹識	リーグ優勝	72	47	11	.605	山本浩二が首位打者（打率.319）で球団初のリーグMVPに輝く。大下剛史は盗塁王（44）、外木場義郎は最多勝（20）と最多奪三振（193）で球団初の沢村賞。衣笠祥雄と三村敏之を加えた5人がベストナインに選ばれた。
1976	古葉竹識	3	61	58	11	.513	池谷公二郎が最多勝（20）と最多奪三振（207）などで沢村賞に輝く。盗塁王（31）の衣笠祥雄、山本浩二、水谷実雄、三村敏之、シェーン（リッチー・シェインブラム）、ゲイル・ホプキンスが20本塁打以上を放ち、同一チーム6人は日本新記録だった。
1977	古葉竹識	5	51	67	12	.432	高橋里志がリーグトップの20勝を挙げ、4年続けて最多勝を輩出した。池谷公二郎は2年連続で最多奪三振（176）に輝き、48被本塁打のプロ野球記録を残す。山本浩二は球団新の44本塁打を放った。
1978	古葉竹識	3	62	50	18	.554	山本浩二が球団初の本塁打王（44）に輝いた。ヘンリー・ギャレット40発、ジム・ライトルが33発、衣笠祥雄が30発を放つなどチーム205発はプロ野球新。水谷実雄は首位打者（打率.348）で初タイトルを手にした。
1979	古葉竹識	リーグ優勝 日本一	67	50	13	.573	抑えの江夏豊は9勝22セーブで最優秀救援、リーグMVPに選ばれた。山本浩二は球団初の打点王（113）を獲得。近鉄との日本シリーズは第7戦の九回、「江夏の21球」で無死満塁をしのぎ、初の日本一をつかんだ。

1980年代

1980
1989

ヤクルト戦で5度目のリーグ優勝を決め、
達川光男捕手㊵と抱き合って喜ぶ津田恒美投手
（1986年10月12日、神宮球場）

70人の証言 31

1980年

新幹線車中でV3。ええ経験になった

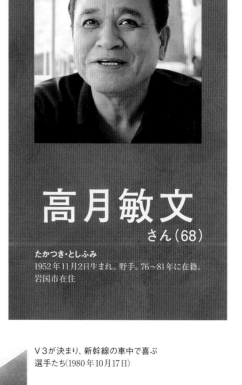

高月敏文さん（68）

たかつき・としふみ
1952年11月2日生まれ。野手。76～81年に在籍。岩国市在住

V3の喜びを、広島へ西進する新幹線の車中で味わった。マネジャーが車内放送で呼び出され、通路に殺到する報道陣が慌ただしく動く。2位ヤクルトが敗戦。はるか前方に座る古葉竹識監督や山本浩二らが、フラッシュを浴びながら万歳を繰り返した。1980年を「1軍半」で過ごした左打者は「こんな優勝の決まり方、カープじゃ1度だけでしょ。ええ経験をさせてもろうた」と目を細める。

残り試合は代打や一塁で出場し、3打数無安打で2三振。近鉄との日本シリーズを控えた練習では、打撃投手を命じられた。「左投げじゃけえ、鈴木啓示や村田辰美のものまねをしながら。木下（富雄）さんらへぶつけんように、冷や汗かきながら投げたよ」。

V3が決まり、新幹線の車中で喜ぶ選手たち(1980年10月17日)

日本シリーズは登録を外れ、テレビ観戦。28歳の誕生日に連続日本一が決まり、木下の優秀選手賞にはちょっぴり胸を張る。

東洋紡岩国から76年に入団。身長175㌢のスラッガーは、1年目に「ちょっとした有名人」となった。巨人の優勝決定試合で三邪飛に倒れ、最後の打者となった。長嶋茂雄監督の初V決定シーンは、何度もテレビで流れた。「秋にもオープン戦があってね。山陰の人たちもわしの事を知っとるんよ」

打力で名を売ろうと、日南キャンプで連日千スイングを貫いたこともある。本職の一塁は水谷実雄、外野はライトルら外国人が高い壁となった。左の代打としては、実績豊富な内田順三や萩原康弘の技量に気後れした。「先輩たちは変化球でもスイングが崩れない。わしは相手ベンチから（真っすぐ一本やりの）『香車』だとからかわれるばっかりでね」。1軍の通算9安打は2本塁打を含む5長打で、13三振。当たれば飛ぶが、粗さが際立った。

81年限りでユニホームを脱ぐ。実は新幹線でリーグ優勝を味わった80年秋には、その決意を固めていた。「わしよりも背が低いのに、ものすごく打球を飛ばす高卒新人が入ってきた。あのスイングを見た時、辞めようと思った」。身長170㌢の長嶋清幸の加入は、現役引退への決定打となった。

球団の広報や2軍マネジャーとして働き、2019年までは2軍の本拠地である由宇球場で場長を務めた。「みんな本当によく練習するよ。それでも結果が出せなきゃ、努力の価値もゼロの世界なんよね」。温かくも厳しいまなざしで、若ゴイたちを見守り続けた。

70人の証言 32

1981年

木山英求さん（66）

きやま・えいきゅう
1954年12月24日生まれ。野手。73～82年に在籍。東京都港区在住

格の違い 1軍での苦い経験が転機に

3連覇を目指す1981年の幕開けは多難だった。内外野を兼ねる山崎隆造がオープン戦でフェンスに激突し、右膝を骨折。2年連続盗塁王の正遊撃手、高橋慶彦は右膝を痛めて入院した。内野ならどこでも守れる26歳は、急ぎ1軍に呼ばれた。

ウエスタン・リーグでは3度の打率3割で首位打者争いもしているが、プロ8年間で1軍出場は1試合。「9年目で初の開幕1軍だったけど高揚感はなかった。人数合わせだったね」。三塁は衣笠祥雄、二塁と遊撃は二村敏之や木下富雄、守備固めには名手の中尾明生が控える。先発出場は望めず、実際に代走か守備固めがほとんどだった。

4月19日の巨人戦（後楽園）で1度だけ打席に立った。「投手は西本聖。初球がシュートだったので次は外と読んだ。ドンピシャリだったけど二ゴロ。格の違いだね」。9試合に出て、1カ月で2軍に戻った。この苦い経験が、新たなプロ人生への転機となる。

82年は2軍で4度目の打率3割を残したが、1軍から声は掛からなかった。そこへ同年始まった韓国プロ野球から誘いが掛かる。出場機会を求め、三美スーパースターズに入団し、李英求（イヨング）としてプレーする道を選んだ。80年に15勝、81年に12勝した福士敬章も一緒に入団し、同期入団の木本茂美も韓国へ渡った。その後も、広島から韓国球界入りする選手が続く。

環境の厳しさは、日本とは比べものにならない。春季キャンプは氷点下10度に迫る日もあった。球場にロッカーがなく、移動のバスの中で着替えた。選手がグラウンド整備をこなすこともあった。

反日感情は想像以上だった。同胞とはいえ日本から来た選手に敵意を抱く観客が、打席近くに大きな石を投げ込んできた。球審には地面すれすれの球をストライクと判定された。「1、2打席とヒットを放つと、監督から『危ないから、もう打つな』と言われたね」

教えられたこともある。「8分の力で伸び伸びプレーしているのに実績を残す選手もいた。『失敗したら次はない』と気負っていたカープ時代の自分を思うと複雑だった」

韓国で3年プレーした。いまは東京都目黒区の私鉄駅近くで、つけ麺店を営む。首都圏のカープファンと野球中継を見ながら、カープでの1軍生活を思い出すこともある。「もっと楽な気持ちでプレーしたら良かったのかもしれないな」

キャンプ宿舎の大広間で夜間練習に励む若手選手（1981年2月）

70人の証言 33

1982年

斉藤浩行さん（60）

さいとう・ひろゆき
1960年5月10日生まれ。野手。82～88年に在籍。徳島県北島町在住

春季キャンプの打球 140㍍は超えてた

「山本浩二と衣笠祥雄が30代後半に差し掛かり、2人が元気なうちに次の主砲育成が急務となる。1982年、ドラフト2位の大型野手はその有力候補だった。若手主体の日南春季キャンプで放つ打球は、外野後方にある鉄塔や屋内練習場の屋根へ相次いで直撃。「140㍍はゆうに超えてたでしょう」と回想。思うがままに描く特大アーチで、日増しに注目を集めた。

1軍に上がった7月3日に左翼で先発出場、二塁打を放った。翌日はプロ初本塁打。中日の左腕、都裕次郎の内角真っすぐに差し込まれたが、打球は左翼席に吸い込まれた。「あんな詰まった打球がホームランか」と山本浩が舌を巻いた一発だ。

パワー一辺倒ではなかった。「変化球を待っていて真っすぐがきても、タイミングを合わせられた。打撃コーチの藤井（博）さんは『逆だ。真っすぐ、変化球の順だろう』と言ってたけど、実際そうだった」。対応力に自信があり、打率も稼ぐ打者になれると思っていた。この年のカープはベテラン勢が息切れし、5年ぶりのBクラス。それだけに4本塁打したスラッガーへの期待は大きかった。

暗転したのは翌83年の春季キャンプ2日目。一塁を守っていたシートノックで、イレギュラーした球が右目を直撃した。眼窩底骨折で東京の病院に入院した。手術は成功、シーズンの早い段階で復帰できたが、遠近感をつかみづらくなった。

「日中はともかく、ナイターでは球が消える感覚があった」。精神面にも影響がおよび「来た球を打てば成績はついてくるというタイプだったのに、ひたすら結果を求めるようになった」。84年はV4メンバーに加わりはしたが、2軍との行き来が続く。「目を痛めてからの一発には、勘で打ったものもある。投手のモーションがこうだから、球はこのへんに来るだろうなと」。もう思い通りのスイングではなかった。

中日、日本ハムを渡り歩いて引退。野球とは離れていたところに独立リーグの四国アイランドリーグplusから声が掛かった。2006年から11年まで愛媛のコーチ、徳島の監督を務め、今は徳島市内のスポーツ店で働く。

「プロ入りしたころはカープで現役を終え、そのまま指導者になれれば、なんて考えていた。まあ、思うようにはなりませんね」

デビュー戦の翌日にプロ初アーチを放った斉藤さん（1982年7月4日）

70人の証言 34

1983年

堀場秀孝さん(65)

ほりば・ひでたか
1955年6月26日生まれ。捕手。83～86年に在籍。長野県上田市在住

広島野球の正捕手、達川は必然だった

育成球団としては、異例の新人獲得に踏み切った。27歳。しかも経験がものをいう、捕手というポジションだった。

1983年、広島の課題は「扇の要」の強化だった。79、80年の連続日本一をリードした水沼四郎が中日へ移籍。33歳の道原裕幸が衰え始め、6年目の達川光男、4年目の山中潔、新人との4人を競わせ、正捕手を決める算段だ。

「自信はあった。プリンスホテルの同僚で、先にプロ入りした西武の石毛(宏典)や中日の中尾(孝義)が成績を残していたから」

当面の競争相手は同い年の達川だった。達川は東洋大、自身は1浪で慶大に進み、同時期に神宮でプレーしている。慶大では1年春から4年秋のリーグ戦まで全試合に出場。通算125安打はいまも東京六大学の歴代3位だ。入団会見では達川の印象を聞かれた。「タツなんて目じゃない」と答えたのを覚えている。

「記者の誘導で言わされたというのが真相。タツは東都リーグだったからプレーは見てないし、プロに進んでからもそう。具体的なイメージを持っていたわけじゃない」。とはいえ、負ける気はしなかった。

打撃は勝負強かった。5月12日の巨人戦(広島)。代打で、角三男からサヨナラ二塁打を放った。巨人の12連勝を阻み、角の連続試合セーブポイント記録を止める殊勲打。首位巨人を追う9月9日の中日戦(広島)は、都裕次郎から決勝アーチをかけた。

「いい仕事をしたと言われたが、良かったのか悪かったのか。左腕を打ってくればいいという感じになっていった」。試合前の打撃練習でベンチの意図を察した。フリー打撃の相手は左投手だけ。打力の評価は高くても、マスクをかぶる機会は少なかった。

正捕手争いは達川が抜け出し、116試合に出場した。「1点を守り切るのが広島野球なんだけど、自分はそんなタイプじゃない。突き詰めていくと正捕手がタツになるのは必然だった」

2011年に古里の長野で県議になり、2期8年務めた。いまは政界を離れ、ティーボールの普及に尽力し、野球が原型の新スポーツ「ベースボール5」の導入に取り掛かろうとしている。「球界からは離れたけどなんらかの形で野球につながってるんだな。まだまだ枯れてはいられないよ」。その情熱は、正捕手を争った新人の頃と変わらない。

正捕手を争う堀場さん(左から2人目)ら4選手。右端は田中尊コーチ(1983年2月)

70人の証言 35

1984年

今井譲二 さん（64）

いまい・じょうじ
1956年11月1日生まれ。野手。79～89年に在籍。熊本市東区在住

多様な想定の走塁練習 2時間かけた

古葉竹識監督は就任から10年、機動力をフル活用する「赤ヘル野球」を磨き続けた。まずは高橋慶彦、山崎隆造という両打ちの1、2番打者を養成。さらには1点をもぎ取りたい終盤に送り出す「走る勝負師」も育て上げる。V4で3度目の日本一を遂げた1984年、50メートル5秒6の俊足を持つ「背番号36」は、代走のスペシャリストとして塁間を駆け抜けた。

出番は必ずといっていいほど、僅差の終盤だった。現役時代に2度の盗塁王を獲得した古葉監督は、初球からの二盗を求めた。「遅くとも2球目までにスタートを切るようにたたき込まれた。1ボール1ストライクや1ボール2ストライクで走ってセーフになっても、『そんなの盗塁じゃない』と言われた」。得点圏に進み、打者に不利ではないカウントをつくるためだ。

「いつだったか、初めて見る投手だったので1、2球目に走らなかった。ベンチの監督を見るとすごい形相だった」。打者は2球見送って2ストライク。結果的に二盗に成功したが打者は三振、こっぴどく叱られた。

準備は入念だった。大量のビデオを繰り返し見て、投手の癖を頭にたたき込む。実戦での観察も怠らない。「肩、足、顔の位置や動き。投球するのか、けん制かが一目で分かるようになっていた」。走るときはノーサイン。この年は自己最多の52試合に出場し、そのうち48試合が代走だった。15盗塁、26得点をマークした。

入団4年目の82年に1軍初昇格、巨人戦で美技と安打を放った。「しばらく1軍にいられる」と喜んだのもつかの間、翌日2軍落ちした。「投手を1人増やすから、野手を1人落とす。おまえのほかに誰がいるんだ」。この苦い経験で、走塁技術の向上に目覚めた。

「キャンプでは、走者二塁や一、三塁、多様な場面を想定した走塁練習に2時間くらいかけた。そこまでするのはカープくらいだったが、他球団もそのうち取り入れるようになった。先進的なチームだったということでしょう」

古里の熊本へ戻り、いまは小中学生の野球塾「PBA熊本」の塾長を務める。塾生からは阪神の岩貞祐太、ヤクルトの村上宗隆ら6人がプロへ進んだという。「そのうちカープ入りする子も出てくるかも。そうならないかなと思ってるんですよ」。指導者人生を突っ走っている。

Ｖ４へ突き進む中、代走で得点を重ねた今井さん㊨（1984年9月19日）

70人の証言 36

1985年

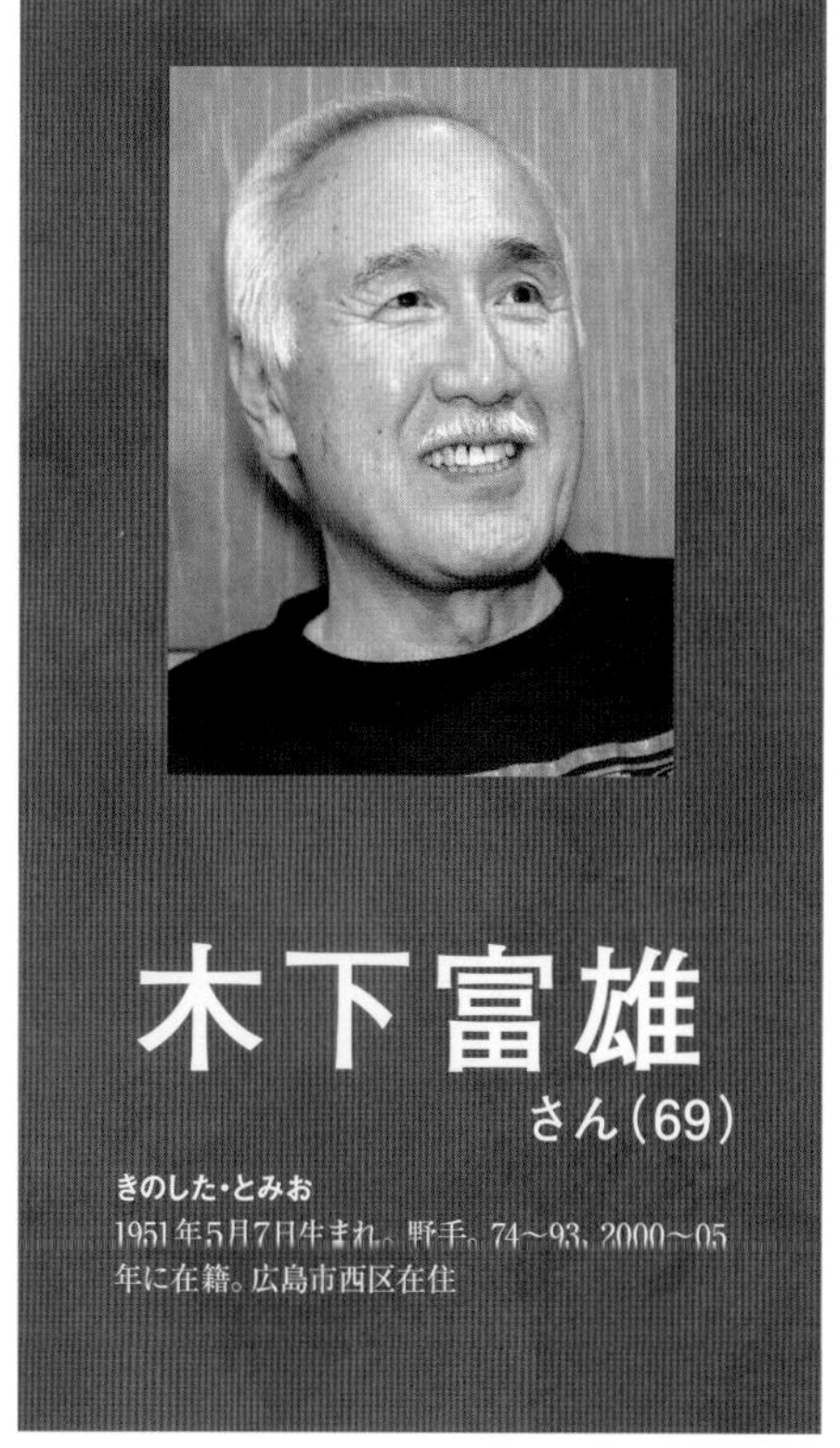

木下富雄さん（69）

きのした・とみお
1951年5月7日生まれ。野手。74～93、2000～05年に在籍。広島市西区在住

隠し球。脇でボールを挟むと痛いんよ

「猛打の阪神に連続日本一を阻まれた1985年、立ち合いは痛快に制している。4月13日の広島市民球場、開幕戦でサヨナラ勝ち。1点を争う終盤、トリックプレーで一泡吹かせた。きっかけは古葉竹識監督の一言。「『木下、これはいけるぞ』って言われ、はーいって返事をした」。12年目の二塁手は隙をうかがい、隠し球のチャンスを待った。

3－3の十回、決行の時が訪れる。代打の北村照文が出塁し、次打者が送りバントを決めた。一塁で送球を受け取ると、1死二塁のピンチは「チャンス」に変わった。「阪神は一塁コーチもベンチも喜んでいる。そんな時は球から目を離している」。マウンドの大野豊に駆け寄り、右手でボールを手渡すふりをして、左の脇へ挟み込んだ。

とっておきの隠し場所だった。「（83、84年に在籍した）アイルランドがやっていてね。ただね、脇でボールを挟むと痛いんよ」。何食わぬ顔で守備位置に戻った。二塁ベースまでは2～3メートル。心音は高まるばかりだった。

じりじりと時が流れる。「早く塁を離れんかなと思ったけど、走者の北村は足が速い。逃して三塁までいかれたらまずかった」。50センチ、1メートル、2メートル、3メートル…。ベースとの距離が広がるとすっと近づき、脇から右手でボールを取り出した。慌てて振り向いた北村の顔面にタッチ。鮮やかに隠し球を成功させた。

「アウトにした瞬間は、やったーと思うけど、ベンチに戻ると悪いことをしたなと思うんよ。北村は鼻血を出して倒れたしね」。阪神ベンチはすっかり意気消沈。ピンチ後の好機を生かし、サヨナラ勝ちを収めた。

「現役時代に、もう一度成功させたのも阪神戦だった」。86年の日本シリーズ第5戦、西武にも隠し球を試みたがこれは失敗。いつしか「くせ者」と呼ばれるようになっていた。

近年は隠し球がめっきり減った。「常に一塁コーチがボールの行方を指さすようになり、難しくなった。コーチ時代も選手に教えたことはない。あれは詐欺行為。やっちゃいけんわ」と冗談交じりに笑い飛ばす。

もしも今、隠し球を成功させるとすれば—。口ひげをさすりながら、目を見開く。「三塁打の後かな。送球を捕った三塁手が、ベースカバーからマウンドへ戻る投手へボールを手渡すふり。これぐらいかな」。一つのアウトにこだわる頭脳は、さび付いてはいない。

福嶋久晃⑩の決勝打で開幕戦は2年連続のサヨナラ勝利（1985年4月13日）

70人の証言 37

1986年

田中和博 さん（61）

たなか・かずひろ
1959年9月15日生まれ。投手。83〜87年に在籍。広島市中区在住

投げた瞬間左肘からブチッと音が

監督が古葉竹識から阿南準郎に代わった1986年、26歳左腕の役割は変わらなかった。

「ずっと打撃投手です。2軍の試合に出たのは数えるほど。1軍の遠征には全て帯同したんじゃないかな」。試合前のフリー打撃に「背番号21」で登板し、赤ヘル打線に打たせ続けた。

忘れられない夜がある。大洋戦を終えた横浜で、同い年の川口和久や川端順と飲み歩き、深夜にホテルへ戻った。「エレベーターの扉が開いたら、衣笠（祥雄）さんが上半身裸でバットを振っていた。一気に酔いがさめた」。左手の小指を骨折し、まともにグラブをはめられない「鉄人」は打率2割前後。もがき苦しんでいた。

衣笠と山本浩二は晩年を迎え、投手王国は最盛期を迎えていた。10月に8連勝で巨人を逆転。V5を決めた神宮球場では、裏方の一人として歓喜の胴上げに加わった。品川のホテルでビールかけを堪能した翌朝、阿南監督から驚きの一声が掛かった。「きょう、行くぞ」。シーズン最終戦、新人の春以来、3年半ぶりの1軍登板を告げられた。

83年、社会人のリッカーから即戦力候補で入団。沖縄春季キャンプでは報道陣に最も近いマウンドをあてがわれ、正捕手となる達川光男に受けてもらった。「初日の遠投から左肘に違和感があった。自慢の直球が投げられなかった」。首脳陣に痛いとは言い出せず、精密検査で骨に異常はなし。ごまかしの投球で敵は抑えられず、味方に打たせる役目を担ってきた。

86年唯一の消化試合、中継ぎで1回を無失点に抑えた。「投手」に再挑戦する好機をもらい、阿南監督の「連覇への秘密兵器」という発言も耳にした。翌87年の春季キャンプをその気で過ごし、在京キー局の密着取材も受けた。開幕1軍が懸かる巨人とのオープン戦（宮崎）。吹雪の中で駒田徳広へ投じた瞬間、「左肘からブチッという音がした」。その夜に全国放送されたスポーツニュースは、絶望の涙でかすんだ。

このオフ退団。ほどなく左肘の痛みは消えた。90年代には「球界初のアルバイト打撃投手」として、若返った赤ヘル打線に投げ続けた。現在は広島市内のスポーツ店に勤め、野球少年たちに助言する。「肘や肩が痛いと感じたら無理をしちゃいけない。休むことも必要」。自らにその勇気があれば、人生は変わっていたかもしれない。

V5を達成し、阿南監督を胴上げする田中さん㉑らナイン（1986年10月12日）

70人の証言 38

1987年

片岡光宏さん（58）

かたおか・みつひろ
1962年3月22日生まれ。野手。80〜88年に在籍。宮崎市在住

代打弾。プライド捨てて神が降りた

今ならさしずめ「神ってる」といったところだろうか。

1987年の夏、代打で立て続けに劇的な決勝アーチを放った。「奇跡と言われたけれど、そんなことはない」。入団8年目、野手転向4年目のドラフト1位右腕は、鬱憤（うっぷん）を晴らすかのように打ちまくった。

最初は7月9日の巨人戦（札幌）。同点の八回2死二塁、4番小早川毅彦の代打だった。投手はリリーフ左腕の角三男だった。まずは変化球の読みに対し、まさかの直球。裏をかかれた。「思い切り三振してやろう」と吹っ切れ、5球目の変化球にバットを合わせた。バックスクリーン左へプロ初本塁打が飛び込んだ。

勢いは加速する。2日後の阪神戦（広島）でサヨナラ本塁打。翌日の朝刊には「神様、仏様、片岡様」の見出しが躍った。8月29日の巨人戦（広島）では九回に同点ソロ。サヨナラ勝ちを呼んで「新ミラクル男」と騒がれた。

広島・府中東高から80年に入団。投手王国の壁は厚かった。「4年が過ぎ、新人の紀藤（真琴）と並んで投げてかなわない。野手でいかせてほしいと2軍首脳に訴えたんです」。転向に当たり、一日2千球を打つと決めた。一流打者が一日に打つ球数は約500と聞いた。打者として4年遅れてのスタートだから、4倍の2千球というわけだ。

87年の春季キャンプ。ある夜、バットを手に2軍宿舎を飛び出した。1軍の宿舎へ駆け込み、「高橋（慶彦）さん。一緒に素振りをしてください」と頼み込んだ。「打撃に関する疑問に一つ一つ丁寧に答えてくれた。翌日は飛距離が一気に10メートル伸びた」。奇跡と言われたあの夏の3発は、運ではないと信じている。「プライドを捨て、泥にまみれたからこそ神が降りてきた」

翌88年はスタメンも増えた。「それが悲劇だった。自分のように足が遅ければ、30本塁打くらい打たなきゃならない。そんなことは無理と分かっていた」。10本塁打で打率2割3分台に終わり、移籍を重ね、ヘルニアに苦しんだ。「打者になる時、ボロボロになるまでやると決めた。最後は本当にボロボロになった」

引退後は妻の実家がある宮崎市に転居、お好み焼き店を営む。カープのキャンプ地、日南市にも近い。「神っていた」夏の経験もファンにふるまう季節が、またやってくる。

代打で劇的なアーチを連発した片岡さん㊹
（1987年8月29日）

70人の証言 39

1988年

榊原聡一郎さん（58）

さかきばら・そういちろう
1962年9月3日生まれ。野手。81～90年途中、91～93年に在籍。宮崎市在住

世代交代期
先を越されても耐えた

けんか腰で戦い、厳しい内角攻めや激しいクロスプレーが時に乱闘を招いた。首位中日との小競り合いが絶えなかった1988年の秋、プロ8年目を終えつつある右のパワーヒッターが初の1軍昇格。相手と戦う以前に、味方ベンチの評価基準と格闘を繰り広げていた。

86年に山本浩二、87年に衣笠祥雄が引退した。88年のチーム本塁打数は前年より38本減り、ピストル打線と呼ばれる。飛ばし屋にチャンスと思われたが、現実は厳しかった。「もろい、粗いと言われて上に呼んでもらえなかった。自分はそう思ってなかったんだけど」

87年の本塁打王ランスが首脳陣と対立し、9月に退団。ようやく声が掛かり、8日に代打でプロ初打席、初安打を放つ。7日に全日程を終えたウエスタン・リーグでは、本塁打王と打点王の2冠だった。

振り抜いて飛ばす。それが持ち味と信じていた。首脳陣に「正田（耕三）みたいにバットを短く持ち、ミートを心掛けろ」と言われても、首を縦には振らなかった。「聞き分けのなさ」もマイナスに働き、俊足巧打の後輩に先を越され続けた。緒方孝市が力を付け、ほどなく江藤智や前田智徳が入団してくる。「もう次の世代への交代期になっていたんですね」

腐りはしなかった。理解者がいたからだ。「後から内田（順三）コーチの奥さんに聞いた話だけど、よく寝言で『なんで榊原を（1軍に）上げんのじゃ』と言っていたらしい。認めてくれる人も少なくなかったから耐えられた」

90年6月にダイエー（現ソフトバンク）に移籍し、オフにとんぼ返りする。理解者の一人、2軍監督に就任した三村敏之の働きかけがあったと聞く。選手兼任の2軍打撃コーチとなり、「先入観で選手を判断しない」と肝に銘じた。

92年入団の金本知憲は細くて非力、守備力も乏しかった。意欲だけがあった。「三村さんの評価は芳しくなかった。何度も頼んで使ってもらい、練習試合で一発を打った。力を付けていったのはそこからですよ」

母校である宮崎日大高の監督として、2015年夏の甲子園に出場。2021年4月からは大分県別府市に発足する「大分プロ育成野球専門学院」の監督を務める。「あの時代のカープにいたから、いまだに野球に関わっていられる」。色眼鏡を外して、プロを夢見る選手と向き合う。

死球をめぐってもみ合う広島と中日ナイン
（1988年9月9日）

70人の証言 40

1989年

もっと投げられる、もっと勝てるはず

川島 堅 さん（51）

かわしま・けん
1969年7月20日生まれ。投手。88〜94年に在籍。通算1勝4敗。東京都東久留米市在住

「北別府学、大野豊、川口和久、白武佳久、長冨浩志の先発陣、川端順、津田恒美、清川栄治、紀藤真琴ら救援陣が好投し、1989年は開幕ダッシュに成功する。4月29日の阪神戦（甲子園）は、球団創立以来3度目の10連勝が懸かっていた。先発を任された2年目右腕は「普段の自分なら試合をつくる自信はあった。でもあの日は違った」。すでに息切れ寸前だった。

球が走らない。「試合前に達川（光男）さんに受けてもらい、1球目で『全然じゃ』『わしが何とかする』と言われた。要求通りに投げたんです」。多投したスライダーを阪神打線が打ち損じてくれた。1失点完投で、プロ初勝利。次代のエースが第一歩を踏み出したと、誰もが信じた。

山本浩二監督の1年目。V1メンバーでコーチ陣を固め、3年ぶりの優勝を目指した。分厚い投手陣に食い込むのは並大抵ではない。「（2月の）キャンプから飛ばしに飛ばして3カ月。体は限界だったんでしょう」。5月は投げるたびに打ち込まれ、「体がふわふわして自分じゃないようだった」。半月余りで2軍へ降格した。

沖縄キャンプでブルペン入りした主力投手陣(1989年2月)

「体のケアが不十分だった。若手は遠慮があるだろうとチーフトレーナーの福永（富雄）さんが強制的にマッサージしてくれたんです。でも、自分からはベテランがいるトレーナー室には行けなかった」

6月に首位から転落。主力の離脱などで先発機会が巡ってきても、結果を残せなかった。体だけではない。疲弊した心のバランスも崩れ、ストライクが入らない時期もあった。

東京・東亜学園高で夏の甲子園4強入り、3球団競合の末にドラフト1位で入団した。秋に1軍デビューし、2年目のこの年に新人王の獲得を期待されていた。翌90年はフォーム改造を指示され、肘を痛めた。回復後も球威は戻らない。伸び悩みは、投手王国の衰退へつながる一歩となった。

10連勝を決めた完投勝利が、プロ唯一の白星となった。「川島堅に一番期待していたのは、ほかの誰でもない。川島堅本人だったんです。もっと投げられる、もっと勝てるはず——。空回りはつらかった」。引退後は柔道整復師の資格を取得。東京都内に整骨院を構え、けがに苦しみ、空回りに悩むアスリートの心に寄り添っている。

1980年代の成績・出来事

年	監督	順位	成績 勝	敗	引分	勝率	主な出来事
1980	古葉竹識	リーグ優勝 日本一	73	44	13	.624	山本浩二が本塁打王(44)、打点王(112)の2冠でリーグMVPに輝く。高橋慶彦が盗塁王(38)。ベストナインは2人に加え、三塁の衣笠祥雄が選出された。日本シリーズで近鉄を下し、連続日本一となる。
1981	古葉竹識	2	67	54	9	.554	アーサー・ガードナーが「幻の3ラン」を放った。7月19日の大洋戦(横浜)の柵越えは、本塁を踏み忘れて2点三塁打となった。山本浩二は3年連続打点王(103)と2年連続本塁打王(43)で2年続けて打撃2冠に輝く。
1982	古葉竹識	4	59	58	13	.504	主力は初めて沖縄市で春季キャンプに臨んだ。初の開幕投手を完封で飾った北別府学が開幕11連勝し、20勝で最多勝、沢村賞を受賞した。ドラフト1位の津田恒美が11勝を挙げ、球団初の新人王に選ばれた。
1983	古葉竹識	2	65	55	10	.542	世代交代が加速した。達川光男が正捕手、球界初の背番号「0」となった4年目の長嶋清幸は中堅をつかんだ。3年目の川口和久は初の2桁となる15勝。9月3日の巨人戦(広島)ではリーグ最多188球で完投勝利した。
1984	古葉竹識	リーグ優勝 日本一	75	45	10	.625	山本浩二が通算2千安打を達成した。衣笠祥雄は打点王(102)でリーグMVP、抑えの小林誠二は最優秀防御率(2.20)、小早川毅彦が新人王に輝く。日本シリーズで阪急を下して3度目の日本一となった。
1985	古葉竹識	2	68	57	5	.544	高橋慶彦が球団新の73盗塁で、5年ぶり3度目の盗塁王となる。入団2年目の川端順が11勝7敗7セーブで新人王に選ばれた。11年間指揮を執った古葉竹識監督が辞任した。
1986	阿南準郎	リーグ優勝	73	46	11	.613	V5を遂げ、北別府学が最多勝(18)と最優秀防御率(2.43)でリーグMVPと沢村賞に輝く。長冨浩志が新人王に選ばれ、3年連続の輩出となった。日本シリーズは1分け3連勝から西武に敗れ、山本浩二が引退した。
1987	阿南準郎	3	65	55	10	.542	衣笠祥雄が2131試合連続出場の世界新記録(当時)を樹立した。正田耕三が首位打者(打率.333)ランス(リック・ランセロッティ)が本塁打王(39)小早川毅彦が最多勝利打点(16)川口和久が最多奪三振(184)と、いずれも初タイトルに輝く。
1988	阿南準郎	3	65	62	3	.512	大野豊が槙原寛己(巨人)と再三の名勝負を繰り広げ、最優秀防御率(1.70)で沢村賞に選ばれた。正田耕三は2年連続の首位打者(打率.340)を獲得。阿南準郎監督が辞任、10月に山本浩二が新監督に就任した。
1989	山本浩二	2	73	51	6	.589	正田耕三が初の盗塁王(34)、10月15日の中日戦(広島)はプロ野球タイの1試合6盗塁を決めた。川口和久は最多奪三振(192)、津田恒美は最優秀救援(40セーブポイント)。9勝の北別府学が12年連続2桁勝利を逃す。

1990年代

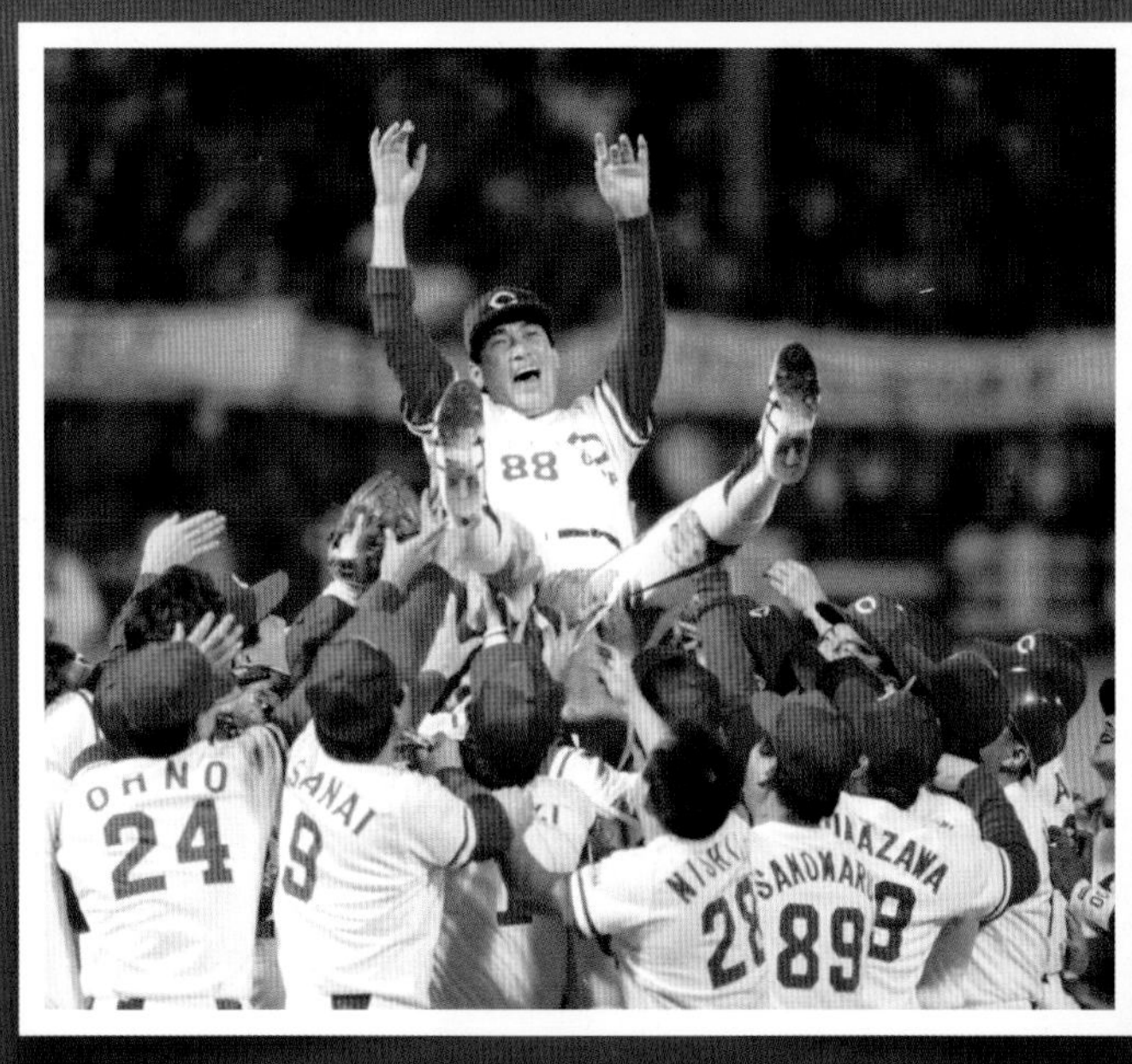

監督就任3年目で、初めて赤ヘルナインの手で胴上げされる
山本浩二監督。カープのリーグ優勝は6度目となった
（1991年10月13日、広島市民球場）

70人の証言 41

1990年

高木宣宏さん(57)

たかぎ・のぶひろ
1963年5月20日生まれ。投手。82～90年に在籍。通算16勝18敗。埼玉県所沢市在住

新球種。すがるような思いで腕振った

3年余り苦しんだ左肩痛を乗り越えた時、周りの風景が違った。「真っすぐが走らない。カーブに切れもない。1軍に呼ばれるべきは俺じゃない。でも、見渡せば俺しかいない」。1990年代の幕開けに、投手王国の終幕を予感した。

開幕直前、エース北別府学が練習中にボールを踏んで右足首を捻挫。2軍から呼ばれた。ブルペンの「末席」で応援に全力を注いだ。「全試合、勝ってくれと願っていた。勝ちゲームならば、敗戦処理の自分に出番は回ってこないから」。この時はまだ、自信を取り戻せていなかった。

かつては自信に満ちていた。82年に大阪・北陽高からドラフト3位で入団し、開幕1軍入り。シーズン直前、ある主力選手の自宅でホームパーティーがあり「前の年に10勝した池谷（公二郎）さんが開幕ローテーションを外れ、慰められていましたね」。競争の激しさを痛感した。

大野豊や川口和久に「負けてはいなかった」という球威を誇り、85年は先発の一角で9勝を挙げる。左脚の肉離れをきっかけに左肩を痛めると、リハビリに長い時を費やす。88年は支配下登録を外れ、練習生として回復に専念した。

再起に挑む90年、戻らない球威を補う球種が乏しい。捕手の達川光男が嘆く。「落ちる球があったらのー。ボール1個分でええんじゃが」。そんな春の横浜遠征、近鉄の投手コーチを退いたばかりの評論家、権藤博が同じホテルに泊まっていた。達川の誘いで部屋をノック。変化球の教えを請うた。

4年ぶりの白星を完投で挙げた高木さん㊨(1990年8月16日)

「ブルペンの1球目。リラックスするけれど、腕は緩めず、真ん中を目掛けて投げるでしょ。それがチェンジアップよ」

こっそり練習を続けた。打たれては降格し、また昇格。8月16日の中日戦（広島）は先発が巡ってきた。先制され、リードしても逆転された。「すがるような思いで、ブルペンの1球目のつもりで真ん中を目掛け、左腕を振った」。スイングを崩し、空振りを誘い、四回から無失点。4年ぶりの白星を完投でつかんだ。

2週間後には5年ぶりの完封勝利。緩い球ですっかり自信を取り戻し、翌年の2桁勝利を疑わなかった。契約更改は一度保留して「調子に乗ったかな」と苦笑い。92年まで3年連続日本一を遂げる西武へトレード移籍となる。渡辺久信、工藤公康、郭泰源、潮崎哲也…。「役者ぞろいの投手王国。もう出る幕がなかったわ」

70人の証言 42

1991年

ビール瓶で右手裂いたオフレコじゃけ

長内 孝さん（63）

おさない・たかし
1957年8月30日生まれ。野手。76〜91年、94〜2005年に在籍。通算104本塁打。広島市西区在住

1991年のV6が決まる数日前、球団史に残るグラウンドでのビールかけが計画された。ファンと一緒に戦った場所で祝えるのは誇り―。上土井勝利球団部長が提案し、松田耕平オーナーも了承。粋な計らいに16年目の一塁手は感動した。「今回優勝せんと、当分できんぞと言っていた年。スタンドの皆さんと万歳で喜び合えた。盛り上がりは倍増じゃった」

10月13日、広島市民球場の阪神戦。ダブルヘッダーの第2戦は一回の1点を守り抜き、守備固めで優勝の瞬間を迎えた。「神様みたいな人」という山本浩二監督を胴上げした後、雨天時に使うビニールシートが内野に敷かれ、瓶ビール800本が用意された。

オーナー、監督、山崎隆造選手会長の鏡開きで祝勝会が開宴。客席にビールをかけたり、シートの上でヘッドスライディングしたり、球場ならではの光景が広がった。「よくはしゃいどったのは野村謙二郎。あの頃は悪ガキみたいなタイプじゃけ。前田智徳はまだ、はしゃぎ方が分からん感じじゃった」。先輩にも、後輩にも勝利の美酒を浴びせた。

心地よいほろ酔いは、途端に冷める。割れたビール瓶をつかんでしまい、右手のひらに激痛が走った。「ずっぽり刺さった。結構血が出てね。すぐにベンチ裏に下がって、包帯をぐるぐる巻き。（首脳陣には）オフレコじゃけ」。誰にも知られまいと身を潜め、宴たけなわのグラウンドには戻れなかった。

衝撃的な一夜は、終わりではなかった。深夜、山本監督から自宅へ呼ばれた。マージャンの誘いかと思って出向くと、大洋へのトレードを告げられた。「二人きりになって座らされ、『横浜へ2〜3年行ってこい』と。34歳だから、もう（移籍は）ないだろうと思っていた」

右手と心のダメージを、引きずることはなかった。「日本シリーズは勝ちたいじゃん。自分（の去就）がどうこうという暇はない。けが後も2、3日は休みがあったから少し縫って普通にやっていた」。西武との日本シリーズ第4戦、赤く染まった広島市民球場の右翼席へアーチを架けた。

今は広島市内で焼き鳥店を営む。2016〜18年のリーグ3連覇はファンとテレビ観戦し、鏡開きをして美酒に酔った。「また勝ってくれりゃあええね」。そう願い、30年前に傷を負った右手で串を焼く。

V6ナインがファンと一緒に喜び合ったグラウンドでのビールかけ（1991年10月13日）

70人の証言 43

1992年

祝杯・席割り…野球以外の全てを管理

衛藤雅登さん（73）

えとう・まさと
1947年4月15日生まれ。投手。74～76年に在籍。1軍登板なし。広島市西区在住

1992年、球団初の200勝投手が誕生する。35歳となる北別府学が、残り10勝の開幕から驚異的な速さでカウントダウンした。長谷川良平の197勝更新には2度足踏みした。王手をかけて臨んだ中日戦（ナゴヤ）は雷雨で仕切り直した。45歳だった球団マネジャーは「あまり覚えがない。ということは、滞りなく段取りできた証拠かな」と控えめに胸を張る。

7月16日、北別府の投球を一瞬だけ見た。元投手の目で、打者の手元で伸びる球筋を確かめ、勝利を確信。公衆電話から宿泊先のホテルへ連絡を重ねた。「記録を達成すれば、みんなそろって乾杯で祝う。それがカープの伝統。試合が終わる時間を予想し、準備の最終確認」。83年に衣笠祥雄、84年に山本浩二が通算2千安打を達成した時に倣い、「背番号20」を囲んで祝杯を挙げた。

春のキャンプから秋まで、チームは優勝という目的地を目指して突き進む。「首脳陣や選手が戦いに集中できるよう、先回りして道を整えるのが仕事」。宿泊、移動、食事など「野球以外のほぼ全て」を管理する。「うまくいって当たり前。だから、失敗やトラブルばかりが記憶に残る。打たれたことばかりを覚えている北別府と同じかもしれんね」とほほ笑む。

2軍担当を経て85年から1軍を切り盛り。数々の記憶に今も夢でうなされる。「（85年の）日航ジャンボ機の墜落事故以来、球団方針で飛行機は2便に分けていた。福島から広島へ戻る時、悪天候で第2便だけが欠航になった」。慌てて鉄道を乗り継ぎ、翌日の試合に間に合った。宮崎空港へ迎えのバスがこなかったり、川崎でユニホームのクリーニングが大幅に遅れたり。旭川では食卓にコイの洗いが並び、「カープはコイ料理が食べられん」と差し替えてもらった。

新幹線の席割りには気を配った。「誰だって気が合う、合わんはある。仲が悪い者同士が近くに座らんよう、パズルみたいに組み合わせた」。切符に名前を書いて手渡していた。

選手へのサイン依頼を取り次ぐのも仕事の一つ。92年、200勝投手への色紙の束が分厚かったことは覚えている。「先発の前には頼まんかった。誰よりも繊細で負けず嫌い。勝って当たり前と思われる苦しさもあったじゃろうしね」。球団最多の213勝は、その細やかな気遣いにも支えられた。

山本監督㊨に名球会のブレザーを着せてもらう北別府（1992年7月16日）

70人の証言 44

1993年

津田のあの笑顔 今でも頭の中にある

大野 豊さん(65)

おおの・ゆたか
1955年8月30日生まれ。投手。77～99、2010～12年に在籍。通算148勝100敗138セーブ。広島市東区在住

「オールスターゲーム出場9度目のベテラン左腕は、平常心でいられるはずはなかった。1993年7月20日の第1戦。「東京ドームのロッカールームで訃報を聞いた。あいつがこの世からいなくなったことが信じられなかった」。炎のストッパー津田恒美が32歳で死去。脳腫瘍と闘い抜き、燃え尽きた。

僚友の死に直面しても、プロ野球選手はグラウンドに立たねばならない。2年前にマウンドを去った速球右腕を弔うように、広島勢は熱く燃えた。球宴に初出場の前田智徳は新人賞を獲得し、江藤智は初安打。野村謙二郎は第2戦(神戸)で優秀選手賞に輝く。

自らは第2戦で2点リードの九回無死一、二塁で登板、火消しに成功した。同年にパの本塁打王となるブライアント(近鉄)、第1戦MVPの清原和博(西武)から三振を奪う圧巻の投球だった。「津田への思いが非常にあった。彼の力で頑張れたんじゃないかな」。亡き友に背中を押された。

告別式は翌22日。津田の故郷、新南陽市(現周南市)に駆け付けた。ペナントレース再開前だったため、山本浩二監督や選手、スタッフらが参列できた。仲間とお別れできるタイミングまで頑張ったんだろう―。皆がそう思った。

津田さんの冥福を祈り、黙とうするナイン
(1993年7月21日)

2年余りの闘病中、津田の力ない表情ばかり見てきただけに、遺影の笑顔に救われた気がした。「悲しいことは忘れたいもの。でもね、今でもあの笑みが頭の中にある。『大野しゃん』って、ひょっこり現れるんじゃないかなと」

明るくてひょうきん、周囲の笑顔も引き出す男だった。84～86年に在籍した同い年の森脇浩司とは仲が良く「いつもじゃれて、ちょっかいを出していたね」。ダイエーに移籍していた森脇の結婚披露宴は、93年のオフだった。「会場に空席があってね。津田の席だった。飲み物も料理も運ばれてきたよ。その存在は、われわれの中で生き続けている」。親友を祝福する面影も笑っていた。

「津田が生きていて、元気でいればもう還暦。もしも監督やコーチを務めていたらどんなだったんだろうか。今になっても、そんなことを思うよ」。弱気と闘い続けた生きざまは、カープ投手陣に受け継がれる。「直球勝負。笑顔と闘志を忘れないために」―。そう刻まれたプレートはマツダスタジアムのブルペン脇にたたずみ、後輩たちの心に火を付ける。

70人の証言 45

1994年

正田耕三 さん（59）

しょうだ・こうぞう
1962年1月2日生まれ。野手。85～99年に在籍。通算1546安打。大阪府吹田市在住

完全試合 いつもの槙原じゃなかった

年に1度の福岡遠征。首位打者2度の「1番・二塁」は楽観的だった。1994年5月18日の福岡ドーム、発表された巨人の先発は槙原寛己。カープ打線はけがの前田智徳や江藤智、ブラウンを欠いてはいたが「自分の対戦成績は悪くない。2安打ぐらい打てると思った」。一回の初球を見送ってから2時間14分、平成で唯一となる完全試合の屈辱を味わう。

第2打席までは納得のいく打席だった。一回は3球目まで手を出さずに遊飛、四回は初球のカーブを流し打って遊ゴロに倒れた。「1打席目は槙原の調子を確かめようと、じっくり球筋を見た。2打席目は打ちごろの球だったが、三遊間の当たりを遊撃の川相（昌弘）にうまくさばかれた」

広島の先発川口和久が二回までに5失点し、槙原は肩の力が抜けたようにすいすいとアウトを重ねる。「マウンド上で笑っとるんよ。自分でも信じられんって感じで…」。次第に焦りが生まれた。「何とかなるから、何とかせんといけんに変わった。首脳陣は意識し過ぎたらいけんと思ったのか、特別な指示は出なかった」

七回の第3打席は完璧に抑えられた。直曲球を低めに集められ、落ちる球で空振り三振。打つ手がないまま九回2死を迎え、途中出場の9番御船英之。次打者席で「（一邪飛の）打球が上がった瞬間に帰り支度をした」。第4打席は回ってこず、マウンド上の歓喜に背を向けた。

アウト27個の内訳は、三振が7、飛球が9、内野ゴロが11。この数字に首をかしげる。「いつもの槙原じゃなかった。うまく打たされた」。本来はもっと力で押し、三振や飛球で打ち取るタイプのはずだった。

試合後、チームに暗さはなかった。「ミーティングもなかった。ミムさん（三村敏之監督）は、負けた夜はホテルにこもらずに切り替えろ、と言うタイプ。僕も、川口さんと飲みに行った。特段、試合の話はしなかった」

めったにない福岡と札幌の遠征は、勝った印象が乏しい。「おいしいものがたくさんあって、みんな飲み過ぎるからじゃないか」と笑い飛ばす。2年後の7月、首位独走の楽観ムードで札幌へ乗り込み、再び巨人に苦杯をなめる。「2番・二塁」で出場し、今度は投壊で敗戦。最大11・5ゲーム差の逆転を許す、屈辱のメークドラマの開演だった。

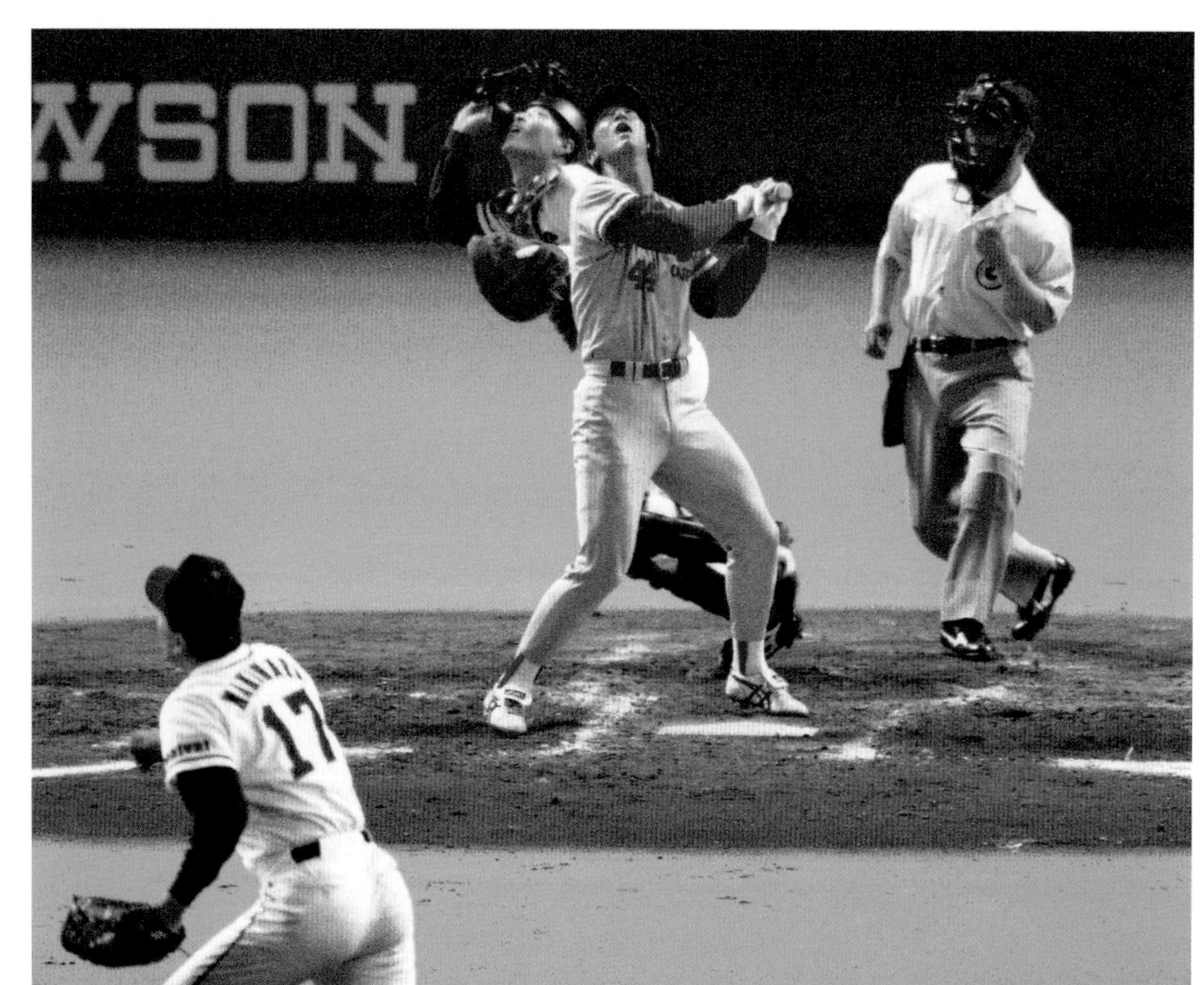

九回2死、御船が一邪飛に倒れ、槙原(手前)は完全試合を達成する。捕手村田真一（1994年5月18日）

70人の証言 46

1995年

音 重鎮 さん(57)

おと・しげき
1963年11月18日生まれ。野手。91〜95年に在籍。通算443安打。石川県白山市在住

一流の穴を埋める超二流になれと…

「入団した中日でも、移籍した広島でも、僕は後から行く選手だった」。代打、代走、守備固め。途中出場の役回りが、1995年に一変する。5月23日、前田智徳が右アキレス腱を断裂。「僕にはない瞬発系の筋肉が彼にはあった。だからこその大けがなんだろう…」。31歳のベンチプレーヤーは翌日から、試合の「頭から行く」選手となる。

「3番・中堅」で打率3割前後を保ち、前田の穴を埋めた。9月に東京ドームでフェンスに激突。右腕が上がらなくなっても最短の10日間で戦列復帰した。ヤクルトとの優勝争いで存在感を示し、初めてシーズン規定打席(406)をクリア。ゴールデングラブ賞にも輝いた。

高い守備力は、それを支える準備があった。「内野手とは違って、ノックを捕るだけでは上達しない。フリー打撃の打球を10分間、集中して追い続けた。それで感覚が磨かれる」

94年に広島市民球場で右翼フェンスに駆け登り、本塁打性の打球をつかんだ。こちらはノックの成果。高代延博、阿部慶二の両コーチに「ギリギリの本塁打を打ってもらい、登って捕る練習をしていた」と明かす。95年は7月にナゴヤ球場で駆け登り、柵越えを阻んだ。「振り向いたら打球が顔面に直撃。上唇を3針縫った。打った大豊(泰昭)さんには、一本損したと怒られたよ」と頭をかく。

出続ける準備も積んでいた。大半を2軍で過ごした93年、ウエスタン・リーグで82試合に出場。右手首痛でまともにバットを握れなくても、三村敏之2軍監督は休ませてくれなかった。「勘弁してって何度も思ったよ」。痛み止めを注射して出場を続けた。

94年からは三村監督が1軍の指揮を執る。「絶対に使う、と言ってくれた。2軍で頑張りをちゃんと見てくれて、試合に出してくれた。一流にはなれなくても、その穴を埋められる超二流になれってね」

95年オフ、中日の星野仙一監督に呼び戻された。古巣では再び「後から行く」選手として重宝される。プロ12年、規定打席に到達したのは1シーズン限り。「何年も続けて、頭から行けるほどの実力はなかった。その分、充実感はあったなあ」。下積みからの準備を実らせ、主役の代役を全うした95年は、超二流として生きた誇りである。

ナゴヤ球場の右翼フェンスに駆け登り、打球が顔面に当たった音さん(1995年7月14日)

70人の証言 47

1996年

紀藤休養 監督に強く進言しておけば

川端 順さん(60)

かわばた・じゅん
1960年3月19日生まれ。投手。84～2005年に在籍。通算46勝26敗19セーブ。徳島県松茂町在住

三村敏之監督を支える投手コーチとして、悔やんでも悔やみきれない一戦がある。1996年7月9日、9連勝で札幌へ乗り込んだ巨人戦。相手にプロ野球タイ記録(当時)の9打者連続安打を許して勢い付かせ、最大11・5ゲーム差を逆転されるメークドラマへとつながる。「監督にもっと強く進言しておけば…。助けてあげられなかった」

首位独走の立役者、すでに9勝を挙げている先発の紀藤真琴がめった打ちを食らった。6月下旬から異変を感じていた。「疲労で躍動感がなくなっていた。フォークはすっぽ抜けるか、低めに切れがなく、フォークはすっぽ抜ける。監督にはオールスター前に一度登板間隔を空けようと言ったが『じゃあ代役は誰がおるんや。エースじゃんか』と反論された」

8連打された紀藤⑪に交代を告げる川端さん㉜(1996年7月9日)

嫌な予感は的中する。1－0の二回2死無走者から後藤孝志、村田真一、投手の斎藤雅樹…。下位から打線に火がついた。「全て打者のタイミングで捉えられた。監督には早めに中継ぎを用意させると伝えたら『もっと(紀藤を)信用してやれ』と言われた」。勝ち頭を二回途中で代えることはできなかった。

あと1死が遠い。5連打目は2番川相昌弘の2号満塁アーチ。遅まきながら代え時だったが、ベンチは固まった。「川相君に失礼だが、まさか本塁打とは…。あっけに取られてエアーポケットにはまった」。さらに3連打され、8連打で7失点。交代直後、左腕の前間卓も安打を浴びた。

打率3割を超す前田智徳、江藤智、金本知憲、ロペス、西山秀二が居並ぶ打線が猛反撃を演じ、最終的に8－10で敗れた。左足首を痛め、この試合で連続出場が途切れた野村謙二郎も3割打者。「打高投低」のチーム状況を象徴するような一戦だった。

1軍の投手コーチは自分一人だけ。相談相手はおらず、打開策を見いだせなかった。「この頃から野手の厳しい視線を感じ始めた。チームのことを思う主力から、投手陣への注文を受けることもあった。そのたびに『ごめん』と言うしかなかった」。投打のバランスを著しく欠き続け、勝負の秋に失速した。

あれから四半世紀が過ぎた今も、自責の念に駆られる。「三村さんを胴上げできなかった。それを一番後悔しているんだ」。かなわなかったV7は、2016年に実現。編成部長として、三村監督を師と仰ぐ緒方孝市監督の胴上げを見守った。

70人の証言 48

1997年

瀬戸輝信さん(51)

せと・てるのぶ
1969年3月25日生まれ。捕手。91~2006年に在籍。通算537試合出場。東広島市在住

勝負どころの配球、理屈より感覚も

「完封目前、138球目で初めてサインに首を振られた。「捕手だから、覚えているのは打たれたことばかり。抑えて記憶に残っているのは、この一球だけかもしれない」。1997年4月30日、ナゴヤドームでの中日戦。スコアは6－0。5番ゴメスを内野フライに仕留め、41歳8カ月の大野豊がリーグ最年長完封(当時)を遂げた。

点差を考えれば、注目は完封だけだった。右の長距離打者に対して「一発だけを警戒した。引っ掛けさせて内野ゴロを打たせよう」と外角球を要求。沈むシンカーに首を振られ、逃げるスクリューボールにも首を振られた。全てのサインに首を振った大野は、内角へ食い込むスライダーを勝負球に選んだ。

「大野さんはめったに首を振らなかった」。経験豊富とは言えない28歳にも配球を任せてくれた。『他の投手が打たれた時は、首脳陣から『なぜあそこへ投げさせたんだ』と叱られる。大野さんの時は違う。大野さんが全責任をしょい込み、コーチたちも何も言わない」。捕手にとって、これ以上ない重圧だった。

折れそうな心を救ってもらったことがある。大野が抑えを務めていた94年、途中出場でマスクをかぶり、逆転サヨナラ本塁打を浴びた。報道陣に囲まれながら引き上げる「背番号24」を、申し訳ない思いで見ていた。翌朝、新聞を見て驚く。「サイン通りの球。自分のリードミスだった。でも大野さんのコメントは全く違う球種だった。僕をかばってくれたんです」

リーグ最年長の41歳8カ月で完封した大野㊧と握手する瀬戸さん(1997年4月30日)

95年に大野が抑えから先発へ転向すると、練習にも緊張感があった。登板する数日前にブルペンへ誘われ、20球で調整。「さあ、3人打ち取ろうや」。相手が巨人ならば松井秀喜、清原和博、広沢克己と並ぶ中軸を想定し、組み立てを求められた。「七色の変化球」を駆使したシミュレーションは、目指す正捕手への「勉強の場」だった。

97年の秋、42歳となった大野は史上最年長で最優秀防御率(2・85)に輝く。山本昌(中日)との僅差を制したタイトル獲得に、4月の完封は大きくものをいった。首を振られた最後の一球、大野の答えは「あの球(スライダー)は合わないと思った」だった。「勝負どころでは、理屈より感覚が大事なこともある」。100勝100セーブを刻んだ熟練左腕から、改めて配球の心得を教わった。

1998年

広池浩司さん（47）

ひろいけ・こうじ
1973年8月29日生まれ。投手。99～2010年に在籍。通算248試合登板。東京都西東京市在住

一番好きな野球に未練があった

新人の小林幹英が快投した春も、松坂大輔（神奈川・横浜高）が甲子園を沸かせた夏も知らない。一般就職した全日空を退社した24歳のテスト生左腕は、1998年の8カ月余りをドミニカ共和国で過ごした。「プロになれる保証はなかったけれど、可能性があった。人生をやり直すとしても、また行かせてもらいたい」と笑みを浮かべる。

立大で外野手。95年ドラフトで指名はなかった。「2番目に好き」な飛行機に関わる航空大手の入社試験を突破した。仕事にも、収入にも、人間関係にも不満はない。「一番好きな野球に未練があった」

入社2年目の97年夏、新聞の片隅で目にした入団テストの募集記事に心が動く。「ダイエー（現ソフトバンク）、広島、日本ハム。全て年齢オーバーだったけれど、左だから投手ならば受かるかもしれない。駄目ならば諦めもつく」。休暇を使って受験、広島だけ1次を通過した。

一度はテスト打ち切りを宣告されたが、正式退社して訴え、由宇での秋季キャンプ参加を認められた。白い練習着で猛アピールしたが、ドラフト指名枠は満席。プロ入りの道は途絶えかけたが、ドミニカ共和国での「追試」へつながる。

98年1月、小林幹や2年目の黒田博樹らの自主トレーニング帯同で現地入り。彼らは3週間で帰国し、孤独な戦いが始まる。午前はアカデミーの練習生と一緒に球を追い、午後は黙々と課題に向き合った。

スペイン語は理解できず、においがきつい食事にもなじめない。一時は全身にじんましんがでた。「病院がどこにあるかも知らない。体調不良で練習欠席なんて報告はできない」。試合やブルペンでの成果と入団への熱意をリポート用紙に書き連ね、球団へファクスで送り続けた。

常夏の「野球の国」では実戦登板の機会に恵まれた。30試合、120投球回でフォームを固め、フォークを覚えた。「投手をやるのは中学以来。アカデミー生と一緒に、一塁ベースカバーなどの基本も学び直せた。会社員時代に衰えた体力も取り戻すことができた」

9月に帰国し、秋季キャンプが最終試験。退社の決断から400日余り、ドラフト8位指名の吉報は大野寮で聞いた。「一度は野球を失ったから、苦しくても前へ進めた。あの8カ月がなければ、プロで12年間も投げられていない。遠回りのようだけど、僕にとっては最短距離だった」

ドミニカ共和国で練習生として心技体を磨いた広池さん（手前右）＝本人提供（1998年9月3日）

70人の証言 50

1999年

敗戦処理でも、1軍にいられる喜び

小林敦司さん（48）

こばやし・あつし
1972年12月8日生まれ。投手。91～2000年に在籍。通算59試合登板。東京都渋谷区在住

「白星も、黒星も、セーブも付かなかった1999年は充実していた。入団からくすぶり続けた9年目右腕は、玉木重雄、高橋建、小林幹英に次ぐ30試合に登板。勝ち試合で投げたのは4度だけでも「1軍にいられる喜びで、うれしいばかり」。チームは借金21を抱え、敗戦処理が多忙を極めた。

千葉・拓大紅陵高から91年にドラフト5位入団。サイドスローに転向し、5年目にプロ初勝利を挙げた。しかし、1軍に定着できない。けがにも泣いた。99年、達川晃豊監督が就任。横手投げがその目に留まる。「変則投法のワンポイント起用が流行していた」。キャンプからアピールを続け、生き残る道を探し続ける。

直曲球ともに絶対的な自信はない。その分、知恵を使った。「実力がないから、小細工が必要だった。初対戦での第一印象が大事。打者に嫌なイメージを持たせたかった」。マウンドに上がると、投球練習でわざと右打者の内角高めへすっぽ抜ける球を投げた。

意図せず起きた騒動も、プラスに働いた。4月14日の巨人戦（東京ドーム）で「球界の番長」と呼ばれた清原和博の頭にぶつけ、激しく怒らせた。「狙った死球ではなく、誤って当ててしまった。その後に対戦する右打者にはインパクトがあったみたい。それを生かせた面はあるのかな」。危険球退場と引き換えに、強打者たちの腰を引かせた。

カープは6～7月に球団ワーストタイの13連敗。この間、先発が崩れては出番が訪れ、4連投を含む7試合に投げた。「点差や場面を考える立場じゃない。僕は一度でも打たれたら先がない。1軍は昼にタクシーで球場入りできるいい環境。絶対に2軍へ落ちたくなかった」。下積みが長い分、負け試合のマウンドさえも晴れ舞台と感じた。

清原への頭部死球で活路を開き、その一発で末路を迎える。2000年7月11日の巨人戦（札幌）で3ランを浴び、2軍降格。「山崎健が通算400号を打たれ、僕は401号。どうせなら400号が良かった」。これがカープで最後の登板となった。

ロッテに移籍した01年限りで戦力外。「甘さがあった」と頭をかく。パティシエに転身し、東京・代官山でカフェの店長を務める。手作りのチーズケーキは甘さ控えめ、こだわりの味で直球勝負。そんな日々もまた、充実している。

清原(中央)に頭部死球を与え、詰め寄られる小林敦さん㉜(1999年4月14日)

1990 年代の成績・出来事

年	監督	順位	成績 勝	敗	引分	勝率	主な出来事
1990	山本浩二	2	66	64	2	.508	ロデリック・アレンが5月に4打席連続アーチ、7月7日のヤクルト戦（山形）では代打逆転満塁とサヨナラの2本塁打を放った。野村謙二郎が初タイトルの盗塁王（33）を獲得。11月にドミニカ共和国のカープアカデミーが開校した。
1991	山本浩二	リーグ優勝	74	56	2	.569	前田智徳がプロ初本塁打を開幕戦の先頭打者アーチで飾った。佐々岡真司が最多勝（17）と最優秀防御率（2.44）でV6の原動力となり、リーグMVPと沢村賞に輝く。西武との日本シリーズは3勝4敗で苦杯をなめた。
1992	山本浩二	4	66	64	0	.508	投手のロビンソン・チェコがドミニカ共和国カープアカデミー出身初の支配下登録選手となった。前田智徳が初のベストナイン。世代交代が進む一方で、10年ぶりのBクラスに終わった。北別府学は球団初の1億円プレーヤーとなる。
1993	山本浩二	6	53	77	1	.408	3月に2軍の由宇練習場が完成した。球団初の開幕6連勝を遂げたが、9月には1968年以来の12連敗。77年以来のシーズン負け越し、74年以来の最下位に沈む。江藤智が初の本塁打王（34）に輝いた。
1994	三村敏之	3	66	64	0	.508	江藤智が8月にリーグ新記録の月間16本塁打を放った。野村謙二郎は最多安打（169）と盗塁王（37）のタイトルを獲得。オフには川口和久が球団で初めてフリーエージェント（FA）宣言し、巨人へ移籍した。
1995	三村敏之	2	74	56	1	.569	野村謙二郎が打率.315、32本塁打、30盗塁で史上6人目のトリプルスリーを達成した。江藤智は本塁打王（39）と打点王（106）の2冠、緒方孝市は盗塁王（47）。山内泰幸は14勝で新人王に輝き、ロビンソン・チェコは15勝を挙げた。
1996	三村敏之	3	71	59	0	.546	ロビンソン・チェコとの契約がこじれ、オフの米移籍が決まる。佐々岡真司が6月に5日間で5セーブ。ルイス・ロペスが打点王（109）、緒方孝市が盗塁王（50）、ダイエー戦力外からテスト入団の加藤伸一は9勝でカムバック賞に輝く。
1997	三村敏之	3	66	69	0	.489	緒方孝市が3年連続の盗塁王（49）、ルイス・ロペスが2年連続の打点王（112）に輝く。沢崎俊和は12勝を挙げて新人王に選ばれた。3年目の山内泰幸は巨人戦で無傷の10連勝に到達し、横山竜士は中継ぎで10勝を挙げた。
1998	三村敏之	5	60	75	0	.444	46年ぶりの快挙が相次ぐ。小林幹英は球団では大田垣喜夫以来となる新人での開幕勝利を挙げ、前田智徳はシーズン23度の猛打賞でリーグ記録を更新した。セ・リーグ全5球団に負け越したのは24年ぶりの屈辱だった。
1999	達川晃豊	5	57	78	0	.422	佐々岡真司が5月8日の中日戦（広島）で球団3人目（5度目）の無安打無得点を達成した。野手のフェリックス・ペルドモは救援登板して「二刀流」デビュー。観客動員（106万6500人）は初の12球団最少だった。

2000年代

2000
2009

広島市民球場での最終戦終了後、
ナインと観客が応援歌「それ行けカープ」を合唱。
ジェット風船を飛ばして別れを告げた
（2008年9月28日、広島市民球場）

70人の証言 51

2000年

畝 龍実 さん(56)

うね・たつみ

1964年6月21日生まれ。投手。89～92、2014年から在籍。登板7試合。広島市安佐北区在住

「IT改革」データ 打ち込むのも苦労

新世紀を控えた2000年、カープは「IT改革」に着手する。情報技術の波は球界にも訪れ、技能向上や戦略にパソコンが欠かせなくなる。未勝利投手から転身8年目のスコアラーは、その使い方から学んだ。「パソコン教室で勉強し、若い職員にも教えてもらった。最初はデータを打ち込むのも苦労した」と悪戦苦闘した。

1998、99年は続けて5位。IT導入が、他球団より遅れたのも一因だった。スコアラー部は球団部から独立し、1人1台のノート型パソコンが支給された。「松田元オーナー代行に『コーチから言われて動くんじゃなく、率先して情報を与えてくれ』と指示された。球場外に大きな部屋も与えられた」

動作解析のソフトを活用し、伸び悩む投手のフォーム矯正に乗り出す。3年連続5位に終わった2000年の秋季キャンプでは、投球動作の撮影を重ね、肩や肘の動きを徹底的に分析。翌01年は菊地原毅が日本タイ記録の78試合登板、長谷川昌幸は先発で9勝を挙げ、5年ぶりのシーズン勝ち越しにつなげた。

動画を拡大できたり、異なる時期の映像を並べて比較できるようになったり。「かつては連続写真を使っていた。瞬時に見比べられる。大きな違いよ」。映像で癖を発見したこともある。「巨人戦でフォークを見極められた黒田（博樹）の投球フォームを入念に調べたら、セットポジションではグラブの開き具合が直球と違っていた」

配球の分析も効率化が進んだ。手書きの時代は「色鉛筆と定規を使って、○がストライク、△がファウル、□がボール。青色は直球、緑色はシュート…と書き込んでいた」。分厚い紙の束は消え、クリックすれば球種やコースを絞り込める。「（04年入団の）尾形佳紀に、このカウントはカーブの確率が高いぞと伝えたら、狙って本塁打。翌日の新聞で『スコアラーのおかげ』というコメントを見たときはうれしかったのう」

14年に投手コーチへ転身した。16～18年に遂げた球団初のリーグ3連覇は「スコアラーがいいデータをくれたおかげ」と言い切る。戦力外となってユニホームを脱ぎ、キャンプ地や球場で映像を集め、活用できるデータに仕上げて首脳陣や選手に提供。そんな後輩たちの悪戦苦闘ぶりを知っている。

投球フォーム解析のため、日南秋季キャンプのブルペンにビデオカメラが置かれた(2000年11月)

70人の証言 52

2001年

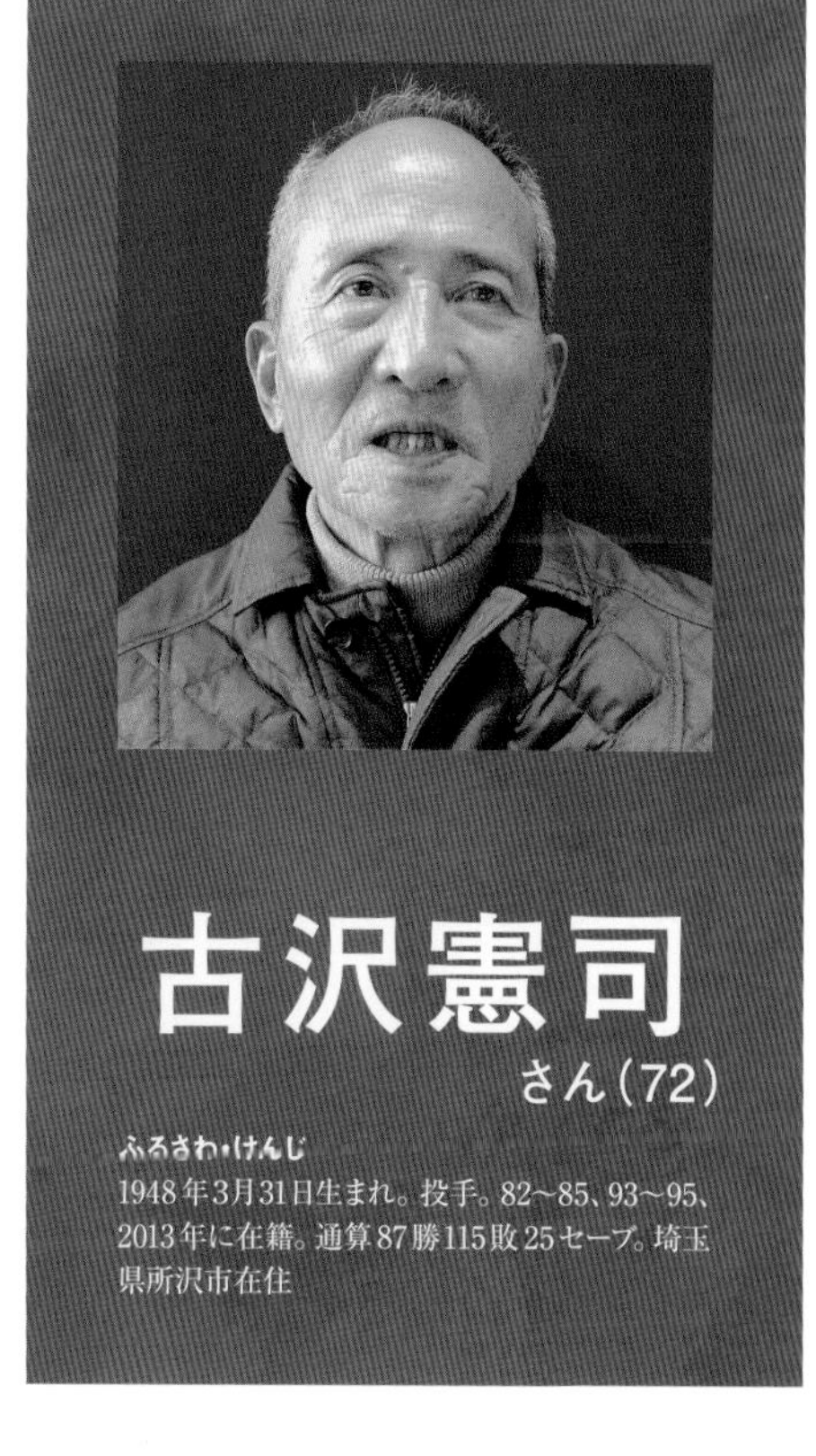

古沢憲司さん(72)

ふるさわ・けんじ
1948年3月31日生まれ。投手。82～85、93～95、2013年に在籍。通算87勝115敗25セーブ。埼玉県所沢市在住

海渡りアカデミーで指導 住めば都よ

2001年、意気揚々と海を渡る。前年限りで阪神の投手コーチ契約が切れ、広島の松田元オーナー代行を訪ねたのがきっかけだった。「仕事がないから頼みに行ったら、ドミニカ共和国はどうかと言われた。二つ返事よ。怖さはあったが、野球で飯が食えるんだから」。開校11年目に突入したカープアカデミーの臨時コーチを引き受けた。

治安を含む生活環境の悪さは聞いていた。「道路の脇はごみの山。外出は必ず2人以上。夜は出歩けない。運転手も、ホテルや球場の門番も、ピストルを携帯していた」。食あたりで2日ほど入院したが「次第に慣れるもの。住めば都よ」。

野球環境は整っていた。メイン球場のほかにサブグラウンド、ブルペン、室内練習場も備えた充実の施設。ただ、門をたたく選手のレベルが物足りない。「メジャーのテストやスカウトから漏れた選手が来る。投手は速い球を投げる。打者は遠くに飛ばす。それだけ。プレーの知識や考え方が浅い」。言葉だけではなく、野球のいろはが通じなかった。

リーグ最年少の16歳3カ月でプロデビュー。阪神、西武、広島で計22年間、投げ続けた。その土台を猛練習で築いた経験則が、アカデミー生には通用しない。「走り込まない。投げ込まない。体幹の筋力も弱い。唯一、立派なのが胸や腕回り。何を言わんでもウエートトレーニングはする。上半身を鍛えることだけは好きだったな」

貧しい若者が多かった。選手は平日はアカデミーで寝泊まりし、週末は自宅へ帰る。「週明けに会うと、頬がこけている子がいてね。聞けば二日間、ろくに飯を食っていない」。あまりにふびんで、こっそり小遣いを渡したこともある。

日本で活躍するためには、細かなプレーを身に付ける必要がある。反復しかない。1年目に見いだしたラミーレスは、秋季キャンプに来日。翌02年に支配下契約し、1軍で2試合に投げた。地球の裏側との往復を重ね、断続的に指導。近年は日本で父親代わりとなり、成長を見守った。

教え子の出世頭はフランスア。18年のリーグ3連覇に貢献し、アカデミー出身で最多の167試合に登板している。「1軍で初勝利した時、ありがとうございましたとお礼の電話があった。それだけでも、ドミニカ共和国へ行ったかいがあった」。野球、成功、練習、一獲千金…。それらを共通言語に心を通わせた。

古沢さんの推薦で来日したラミーレス(右端)らドミニカ共和国カープアカデミーの選手たち(2001年10月)

70人の証言 53

2002年

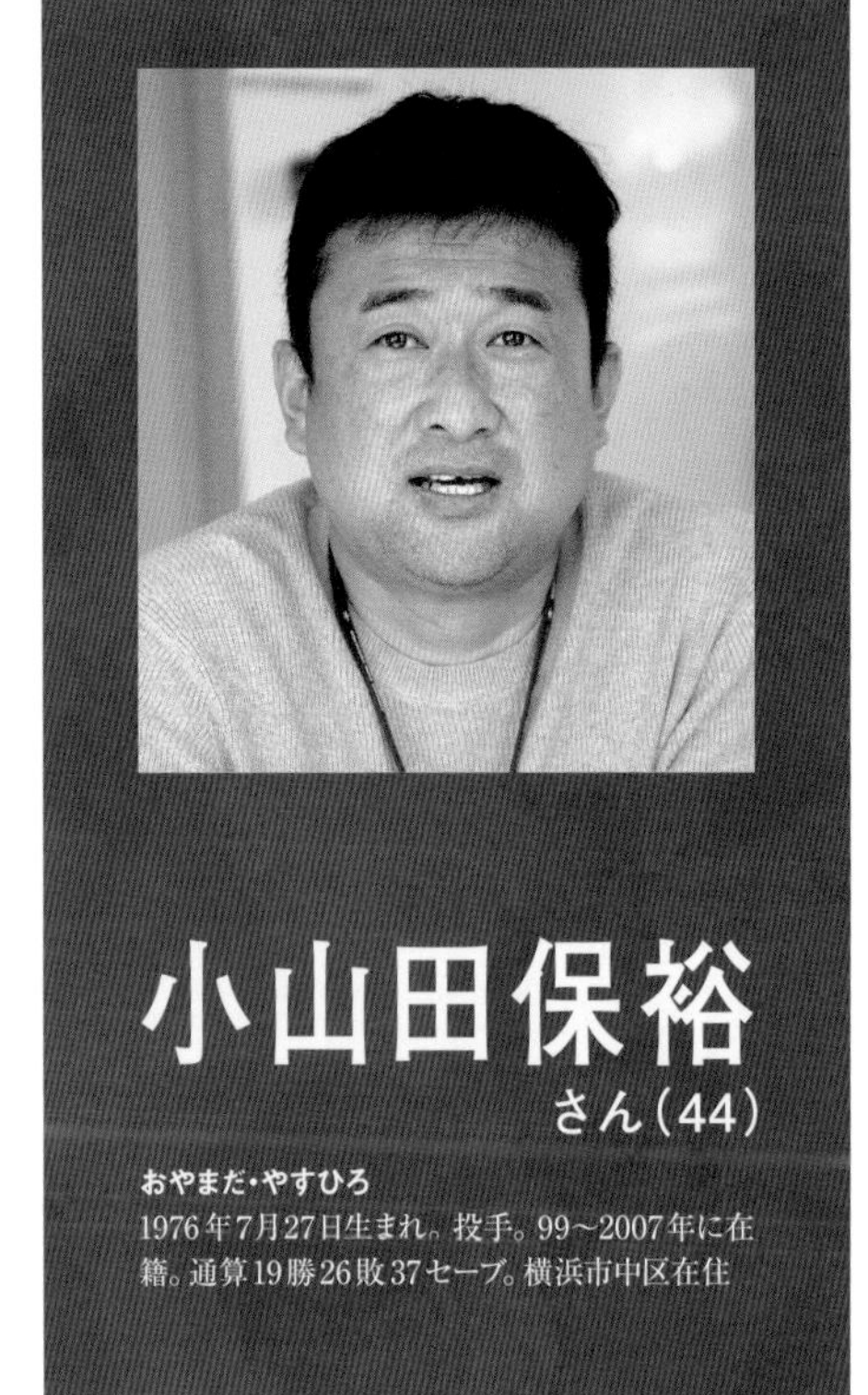

小山田保裕さん（44）

おやまだ・やすひろ
1976年7月27日生まれ。投手。99～2007年に在籍。通算19勝26敗37セーブ。横浜市中区在住

球団初30セーブよりも1敗が悔しい

「江夏豊や津田恒美、大野豊や佐々岡真司…。歴代の守護神が届かなかった年間30セーブに初到達した。2002年に抑えを務めた横手投げ右腕は「僕なんかでいいの、とは思いましたよ。諸先輩方とは起用のされ方が違う。僕の場合、1イニング限定だったから」と控えめな笑み。投手分業が進み、リードした九回を逃げ切る「クローザー」の草分けとなった。

勢いで大役に立候補した。オープン戦で1軍に生き残った。開幕直前の決起集会で、山本浩二監督が「抑えは誰がやるんや？」と野太い声を発した。「やります。かぶせるように返事をした」。前年の手術で右肩の痛みが消えた。プロ入り後に挑戦したサイドスローで球速150キロを超えた。自信があった。

勢いで勝ちゲームを締め続けた。「9割以上」が直球。真ん中を目掛けて腕を振り続けた。「捕手の西山（秀二）さんがど真ん中に構え、適当に球が散らばってくれた。解説の堀内恒夫さんに『変化球は中学生レベル』と言われ、うまい表現だと感心しちゃいました」

前半戦を1勝19セーブ、防御率1・09で突っ走り、オールスターに初出場する。「解説の江川卓さんには『怖さを知った時にどうなるかですよ』と言われた。これにも感心しちゃいました」。威圧感を出そうと口ひげをたくわえた。五回までは試合を見ないように努めた。ブルペンでは七回から15球で肩をつくる合間に、「おえ」とえずくのが習慣となった。全ては恐怖心からくる行動だった。

球威が衰えた夏場以降、毎試合のように打たれ、失点を重ねた。「自分次第で、先発の粘りも、打者の一打も、全てが台無しになってしまう」。9月22日の阪神戦（甲子園）で片岡篤史にサヨナラ本塁打を浴び、シーズン初黒星を喫した。

翌03年、新人の永川勝浩に抑えの座を明け渡す。先発に挑み、08年に横浜（現DeNA）へ移籍。プロ12年で最も輝いた02年は、44試合で2勝1敗30セーブ、防御率2・72だった。「どんなにピンチを招いても、勝って試合を終えればいい。それがクローザー。30セーブの喜びよりも、1敗の悔しさが大きい」

偉大な先輩たちも、年間セーブ記録を塗り替える永川も、16～18年に胴上げ投手となる中崎翔太も成し遂げていない「シーズン無敗」。それを逃したことが、心残りでならない。

29セーブ目を挙げ、津田の球団記録を更新した小山田さん㊨（2002年10月8日）

70人の証言 54

2003年

岡上和典さん(42)

おかがみ・かずのり
1979年1月4日生まれ。野手。2001〜07年に在籍。通算17盗塁。広島市佐伯区在住

初本塁打 笑顔を見せていいものか…

「お立ち台のヒーローに笑みはなかった。2003年10月12日の広島市民球場、入団3年目のプロ初アーチは、貴重な九回の同点ソロ。にもかかわらず、インタビュアーの問い掛けに消え入りそうな声で答えるばかり。「聞こえんぞ」「元気を出せ」—。約1万人の客席からは失笑が漏れた。

6年連続Bクラスの5位が確定し、正遊撃手のシーツが帰国。消化試合でフル出場し、ヤクルトの抑えのエース、高津臣吾から一発を放った。走力と守備力が売りの24歳は跳びはねるほどうれしかったはずだが、前の打席で送りバントを2度失敗。「代打も覚悟した。笑顔を見せていいものなのかどうか…。人前で話すことも苦手だし」。ネット裏に松田元オーナーの姿も見つけ、緊張は増した。

盛り上がりを欠いたヒーローインタビューは、チームの雰囲気を物語る。職人肌の先輩が多く、人前で冷静さを保つことが美徳とされた。主催試合の年間入場者数は13年ぶりに100万人を下回り、スタンドの熱気も乏しかった。「はしゃげない時代だった」。一部の若手からは、もっとお立ち台で盛り上がろうと声が上がった。

右打席だけで勝負すると決めた年だった。高橋慶彦、山崎隆造、正田耕三…。俊足巧打の名選手に続こうと、新人の01年から両打ちに挑戦。福地寿樹や森笠繁らと競うように、左打ちを磨いた。バットの芯で捉えても、打球は内野の間を抜けない。外野の頭は越えない。「2軍では右打席は3割5分、左打席は1割台。あの本塁打も左なら絶対に打てなかった」。内田順三打撃コーチの助言で左を捨てた。

肘の故障もあり、定位置をつかめずにユニホームを脱いだ。マツダスタジアムのお立ち台では、若い選手が堂々とインタビューに応じ、軽妙なパフォーマンスを繰り広げる。真っ赤に染まった客席が沸く光景に、時代の変化を感じずにいられない。「いまのカープには、失敗をしても下を向かない雰囲気があるんでしょう。だから強いんだと思う」

プロ唯一となった本塁打は、うれしくてたまらなかった。「その後メジャーで活躍して、(ヤクルトの)監督まで上り詰めた人から放ったんですよ。打った方は覚えている。打たれた方は覚えてないだろうけど」。記念のスライリー人形は、福岡県古賀市の実家に飾ってある。見るたびに、笑みがこぼれる。

プロ初本塁打を祝う出迎えにも、表情を崩さなかった岡上さん㊨(2003年10月12日)

70人の証言 55

2004年

大島崇行 さん（37）

おおしま・たかゆき
1983年12月20日生まれ。投手。2002～14年に在籍。通算3勝14敗3セーブ。広島市西区在住

昇格期待していた9月… 球界初のスト

「ウエスタン・リーグ（90試合）で143回⅓を投げた2004年、20歳の左腕は初昇格の連絡を心待ちにしていた。9月半ばの1軍は最下位争いの真っただ中。「消化試合になれば呼んでもらえるかも。ちょっぴり、いや、かなり期待していたんですよ」。しかし、2軍が暮らす大野寮に飛び込んできたのは、球界初となる「ストライキ決行」の知らせだった。

球界再編騒動が起き、「12球団の維持」を巡って日本プロ野球選手会と日本野球機構（NPB）の交渉が決裂。9月18、19の両日、セ、パ両リーグの全12試合が中止となった。横浜遠征中の1軍は、サイン会を開いてファンに応対。2軍は自主トレーニングとなった。「ユニホームを着ないように指示されたので、ジャージーで動いた。それ以外、特別な出来事だという印象はなかった」

選手会長の西山秀二が2軍で調整中。2日分の給料がカットされるという説明を受けた。「明細から3万円ぐらい引かれていた。年俸3億円と言われていたヤクルトの古田（敦也）さんやダイエーの松中（信彦）さんは、僕らの半年分ぐらい引かれるんじゃないか。そんな計算をして、みんなで騒いでましたね」

騒動の発端は、6月に判明した近鉄とオリックスの合併だった。両球団とはウエスタン・リーグで対戦。「お互い、試合で投げない投手はネット裏で球種や球速の記録係をする。机を並べて『どうなるんやろうね』って感じだった。カープがもう一つの合併候補という報道もあったから」

この年、投手陣はけが人が続出。2軍は6連戦を6投手でしのいだ時期もあった。「僕はどこも痛くならない。たくさん投げさせてもらい、タフな面をアピールできた」。ストライキを経験し、球団消滅もささやかれたカープ選手会は、2軍を含む全選手から意見を募り、新たなファンサービスを模索する。

翌05年に1軍デビュー。2軍との行き来を繰り返し、14年まで投げ続けた。「ストライキが良かったのかどうかは分からない。けれど、いまも12球団が存続し、球界も、広島も盛り上がっている。プロ野球選手を目指す子どもたちにとっては、本当に良かった」。1軍通算は8シーズンで投球回数は計155回。建設会社に勤める今、「投げ足りなかったなあ」と頭をかく。

ファンサービス向上の第一歩として、大野屋内総合練習場へ親子らを招待した（2004年12月11日）

70人の証言 56

2005年

倉 義和 さん(45)

くら・よしかず
1975年7月27日生まれ。捕手。98年から在籍中。通算719試合出場。広島市中区在住

ミッキー 観客増える きっかけくれた

最下位に沈んだ2005年、広島市民球場に大歓声を誘うアイドルが登場した。背番号は「111(ワンワンワン)」。愛らしく駆け、かごをくわえてボールを球審へ運ぶ。8年目の捕手は「本来ならば勝利やプレーでお客さんを呼びたい。子どもや女性が喜ぶ姿に、これもプロ野球なんやと思ったね」。球界初のベースボール犬「ミッキー」が、ファンの笑顔を球場へ運んだ。

雄のゴールデンレトリバーは、試合の合間に2度ほど出場。大観衆に動じなかった。3月のオープン戦で結果を残し、公式戦デビューを決めた。「ほんまに賢かった。ベンチ裏で『よろしくね』ってなでたら、俺の所へボールを持ってきたこともあったなあ」。そんな「失策」さえも観戦客の心をつかんだ。

開幕前に正捕手の石原慶幸が左手を骨折。初めて先発マスクをかぶり続け、自己最多の109試合に出場した。「事前の想定とは違うことが起きる。どうしよう、どうしよう…。体よりも、頭が付いていかない。これがプロ野球選手なんやと思った」と振り返る。

パとの交流戦が始まった年でもある。「セとは違い、ガンガン振ってくる。西武のおかわり君(中村剛也)を低めで崩したはずなのに、右翼席まで持って行かれた」。12球団中11位に終わり、苦手意識を植え付けられた。

肩に力が入り、眉間にしわが寄る。緊張と疲労の日々も、ミッキーの出番には頬が緩んだ。「なに笑ってんねんと思われても、かわいいもん。大げさかもしれないけれど、捕手は視野が狭くなったらあかん。笑うことで、周りが見えたこともあったんじゃないかな」

この年の広島は両リーグで唯一、観客動員数が前年から増加した。「ファンあってこそのプロ野球、ファンあってこそのカープ。そのきっかけをくれたんちゃうかな」。捕手へのリラックス効果に加え、新たな客層も招いたミッキー。その出場試合は07年までの3年間で15勝7敗、勝率6割8分2厘の好成績だった。

20年から1軍のバッテリーコーチを務め、守りの強化を担う。「大事なのは試合前の準備。そのためには前の試合の反省。その繰り返し。それがプロ野球選手なんよ」。指導の原点は、スタメンを続けたシーズンの記憶。その片隅には、愛嬌たっぷりの面影が寄り添っている。

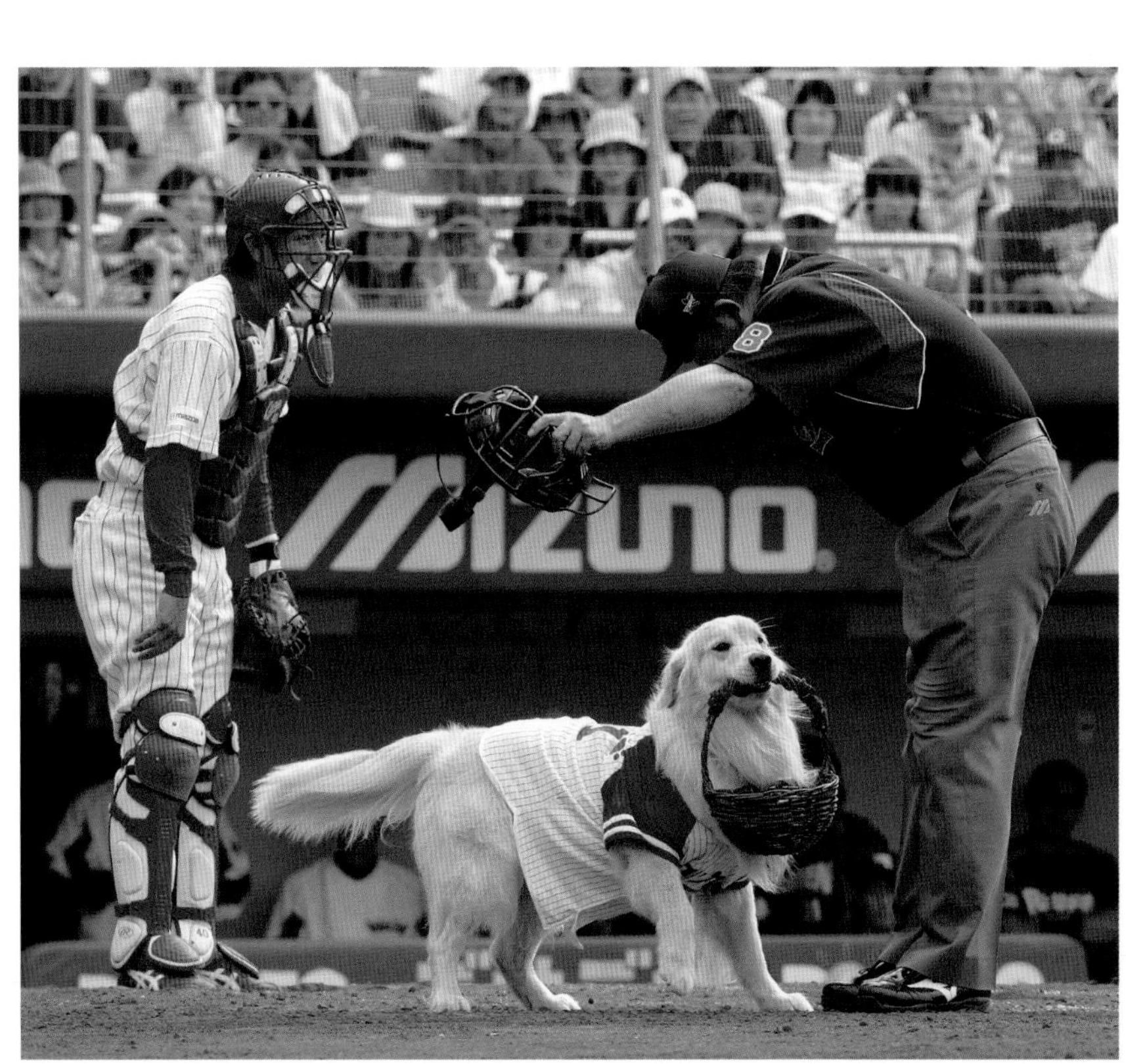

球審にボールを届けたミッキー。左は倉さん(2005年5月21日)

70人の証言 57

2006年

マーティー・ブラウンさん（58）

マーティー・ブラウン
1963年1月23日生まれ。野手。92～94、2006－09年に在籍。通算50本塁打。米国ミズーリ州在住

ベース投げ。退場するため、冷静だった

前代未聞の「ベース投げ」は確信犯的なパフォーマンスだった。2006年5月7日の中日戦、球団2人目の外国人監督は判定への抗議が受け入れられず、一塁ベースを放り投げた。「選手が納得できない時は、いつでも戦ってやるというアピールでもあった。ベンチを離れた時点で退場になることは決めていた。私は冷静だった」。就任1年目、熱い気持ちを示す行動だった。

三回1死一塁、荒木雅博の遊ゴロは併殺打と思いきや、一塁がセーフ。この判定に対し、先発ロマノが審判に暴言を吐いたとして退場を言い渡された。今季初勝利が遠い右腕のモチベーション低下を懸念し、審判団に歩み寄る。「これからも投げ続けないといけない投手。代弁者になりたかった」

抗議しながら退場宣告を待っていると、審判からの意外な言葉に戸惑った。「5分たったので戻ってくれと言われた。時間制限があるとは知らなかった。話を聞いてもらえず、一人でぽつんと立たされた」

このままベンチに帰るわけにはいかない。コーチ陣に次の投手を告げた後、「どうやって退場になればいいのかと思った。ベースを投げるしかない」。スタンドからは拍手喝采、発奮したナインは逆転で勝利をつかんだ。

「ALL－IN（オールイン）」を体現したかった。自ら提案したキャッチフレーズには、1992年から広島でプレーした3年間で感じた思いを込めていた。「原爆投下の歴史があり、米国人が広島にいることを良く思わない人もいた」。複雑な感情を乗り越え、ファンと一体化することを目指した。

内野5人の変則シフト、徹底したストライク先行、井生崇光や松本高明ら若手の登用…。8年連続Bクラスのカープに変化の風を吹かせたが、09年までの4シーズンでAクラス浮上はかなわなかった。10年の楽天時代を含め、監督として通算12度の退場は歴代最多。「怒りにまかせたことは一度もない。審判には絶対に触れなかった」

衝撃的な「ベース投げ」は、球団経営に思わぬ追い風をもたらした。珍プレーを冷やかしたTシャツをつくったところ、大きな反響を呼び、遊び心と奇抜さで人気を集めるカープグッズの原点となった。「私も若かった。今はもう、あんな重いベースは投げられないよ」。どこか冷めていた球団とファンの関係に、熱を取り戻す一投でもあった。

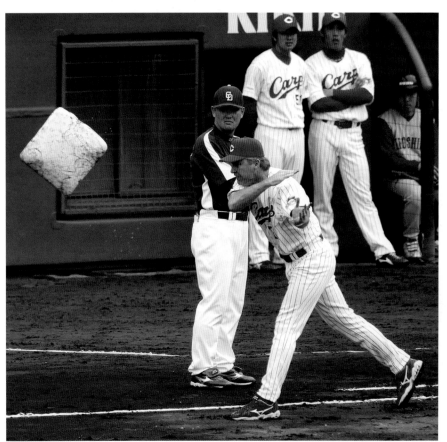

判定への抗議が受け入れられず、一塁ベースを放り投げたブラウンさん＝手前右(2006年5月7日)

70人の証言 58

2007年

山本 翔 さん（37）

やまもと・しょう
1984年1月13日生まれ。捕手。2002〜10年に在籍。1軍出場なし。島根県邑南町在住

新人のマエケン 投打に驚かされた

1軍が遠い入団6年目の2007年、おおっぴらに「見せ練」を始めた。首脳陣に見せ、やる気のアピールも兼ねる練習。2軍が暮らす大野寮（廿日市市）でジャージー姿のまま朝食をかき込み、由宇球場（岩国市）への移動前にマシン打撃に励んだ。「冷ややかされもしたが、見せることだって大事だ」。もちろん、休日や夜にはこっそり練習した。

ある夕方、独りで打ち込んでいると、背後に人の気配を感じた。「僕も入れてください」。ドラフト1位の新人、前田健太だった。ひょろっとした体でバットを長く持ち、野手顔負けの快音を連発。「全て芯で捉えて、さすがPL学園（大阪）の4番。一緒に打とうと言ってきた投手はマエケンだけだった」

その姿勢に目を見張り、投手としての能力には目を丸くした。制球が抜群。「こちらが目をつぶってもミットに入る。変化球は縦に大きく割れるカーブが一級品。大きく振りかぶる投げ姿が美しい。マウンドで目が泳がない…」。若い頃、冷や汗をかきながら球を受けた先輩たちとダブった。

佐々岡真司の予告カーブに対し、落差に思わず腰が浮いたことがある。黒田博樹の球威に目とミットが追い付かず、顔の横を通過したこともある。永川勝浩のフォークを後逸しないよう、投げた瞬間に膝を突き、辛うじて胸に当てたこともある。レベルの高さに手を焼いた経験を、思い出させるルーキーだった。

立ち居振る舞いには謙虚さがあった。独特の動きで体をほぐす「マエケン体操」を一度も見た覚えがない。「ブルペンで待つ先輩捕手の前ではやらなかった。見えない場所でやっていたんじゃないかな」

07年にウエスタン・リーグでチーム最多の103回2/3を投げた前田健は、翌08年に1軍デビューしてエースへの道を歩み始める。自身は石原慶幸や倉義和に追い付けず、会沢翼に追い越され、10年に戦力外通告を受けた。「あわよくば一緒に1軍へ上がり、バッテリーを組めたら最高」。そんな夢はかなわなかった。

島根・矢上高の監督を務め、練習場のいわみスタジアム（島根県邑南町）で懐かしそうに笑う。「マエケンはここでも2軍の試合で投げたんです」。広い球場で、部員約50人の姿を追うのは苦労する。才能だけで輝けるのは、ほんの一握り。だから選手には「見せ練」を薦めている。

オープン戦に初登板した新人の前田健（2007年3月4日）

70人の証言 59

2008年

木村昇吾さん（40）

きむら・しょうご
1980年4月16日生まれ。野手。2008〜15年に在籍。通算733試合出場。東京都在住

「市民球場」終幕。まるで優勝した気分

2008年、老朽化した広島市民球場は惜別ムード一色に染まった。秋にはクライマックスシリーズ（CS）争いで客席が赤く染まり、観客動員は歴代2位となる139万680人。横浜からトレード移籍してきた内野手は「高揚感がすごかった」と、ファンに愛された「市民球場」の終幕を思い返す。

新たな天然芝球場への本拠地移転を翌年に控え、9月に3位争いを繰り広げる。28日の地元最終戦は4番の栗原健太が1957年の球場開設から通算6536本目のアーチを架け、20歳の前田健太が球団通算1579勝目を挙げた。

自身も三塁の守備固めで途中出場。実数発表となった05年以降は最多となる3万6609人の前で、公式戦3182試合目のフィナーレに立ち会った。「試合後に、みんなでグラウンドを練り歩いた。まるで優勝したような気分」。盛り上がりもむなしく、敵地の残り試合で失速し、初のCS出場は逃した。

横浜の5年間で出場が通算47試合だった28歳は、移籍1年目に94試合。51年の歴史を終える本拠地が「野球選手としてのターニングポイント」となる。土の内野で巧みな守備力を発揮。それでも平凡な三ゴロを右目に当てたことがある。「尋常じゃないほど跳ねた。試合後は目がぼこっと腫れて、次の日は守るのが怖かった」。イレギュラーは日常茶飯事。数々の名プレーを生んだグラウンドは、もうぼろぼろだった。

ブルペンやトレーニング室は雨漏りが頻発。屋内練習場はなく、体を休めるのも一苦労だった。「夏は暑くても逃げ場がない。風呂は湯船に3人入ればぎゅうぎゅう詰め。昭和の球場だった」

ロッカールームも手狭だった。選手用は三つに分かれており、若手が使う部屋には窓がなく、湿気がこもった。「遠征から帰ったらスパイクやグラブにカビが生えていた。すれ違うのも大変だから、通るたびに『すいません』『あ、どうぞ』って具合」。三塁側のビジターチームは、パイプ椅子を置いた廊下で着替えていた。

09年開場のマツダスタジアムは「全ての環境が良くなって居心地は最高。自分の家のように使わせてもらった」と7年間プレーした。西武へ移籍し、クリケットに転身して日本代表に選ばれ、さらには動画投稿サイトで野球の上達法を紹介。好奇心と挑戦意欲で、新たな活躍の舞台を切り開いている。

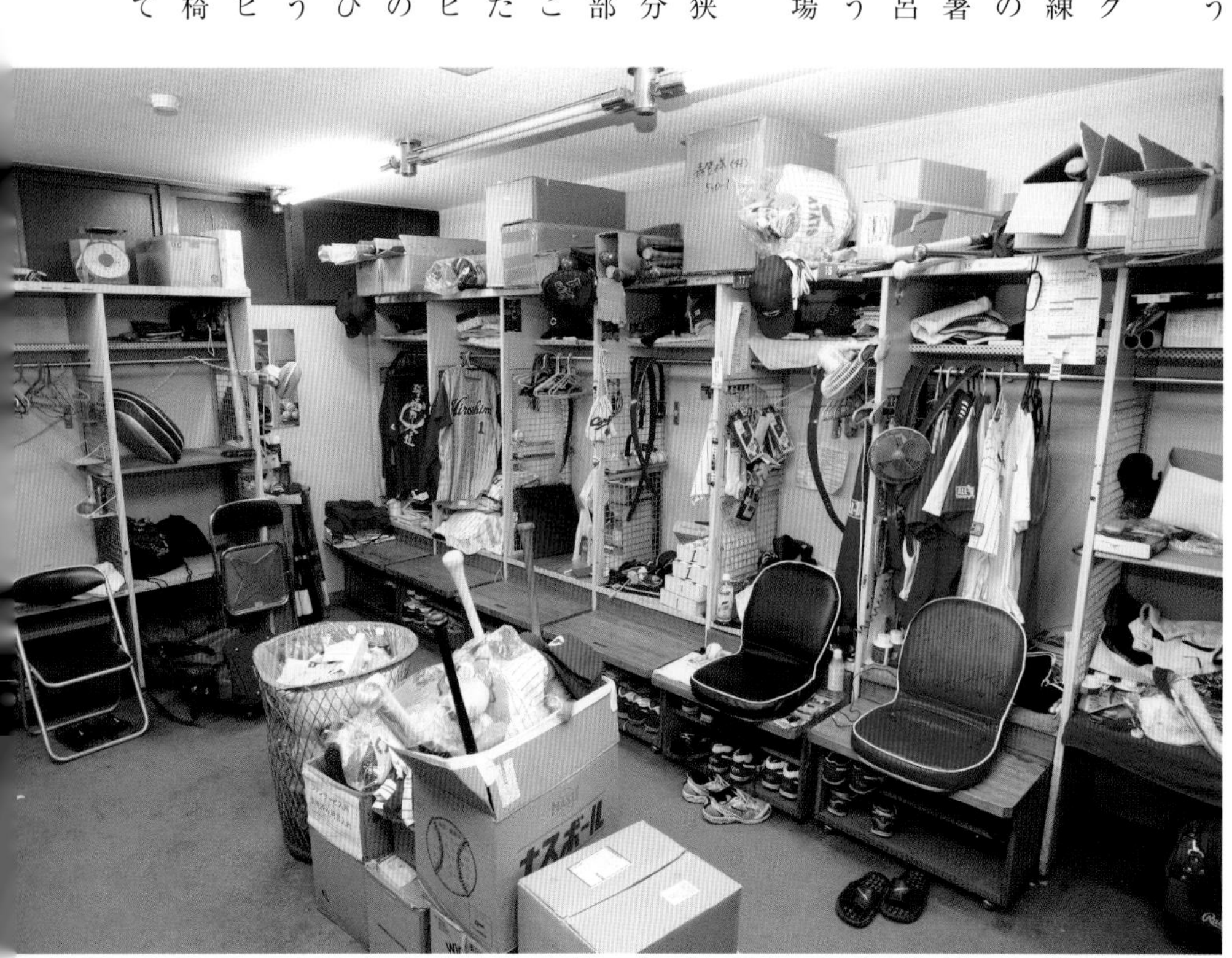

最後の公式戦を終え、ナインが去った直後の広島市民球場の一塁側ロッカー（2008年9月28日）

70人の証言 60

2009年

米挑戦。10時間のバス移動もあった

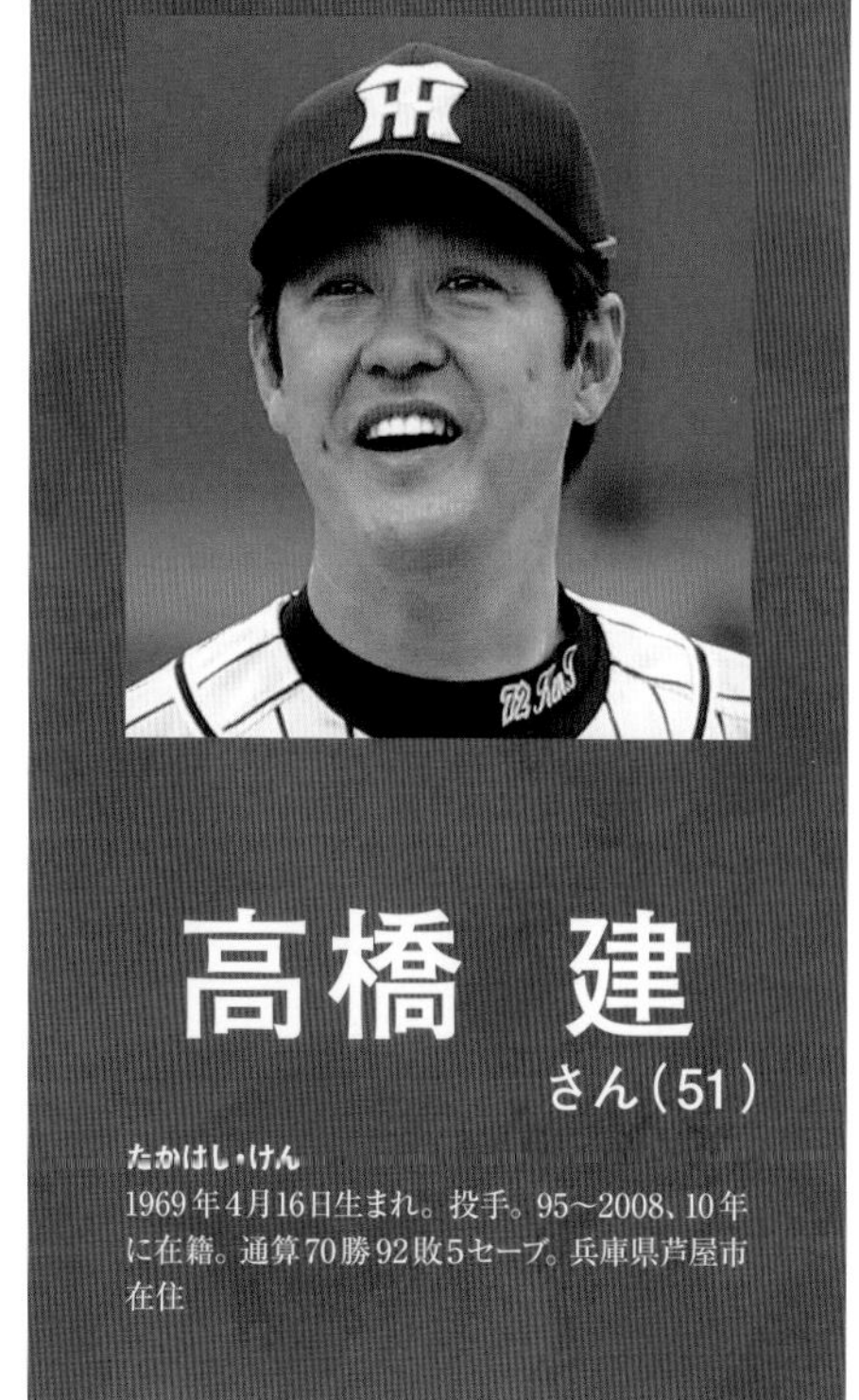

高橋 建 さん（51）

たかはし・けん
1969年4月16日生まれ。投手。95～2008、10年に在籍。通算70勝92敗5セーブ。兵庫県芦屋市在住

「40歳で足を踏み入れたのは、広島の新球場ではなく、米国という新天地だった。2009年、プロ15年目の左腕は大リーグに挑戦。「ドジャースの黒田（博樹）やレッドソックスの松坂（大輔）に刺激を受けた。無謀なことをしたと思う」。カープと横浜高（神奈川）の後輩の活躍に憧れ、その背を追った渡米は「引退の理由探し」でもあった。

気は優しく、体は決して強くない。10勝を挙げた01年を除けば、満足のいくシーズンはなかった。「後悔ばかり。あと一歩で2桁勝利の年が何度もあったのに、ひと踏ん張りできなかった。中途半端な成績しか残せなかった」。08年オフ、日本での収入や地位を捨て、04年から保有するフリーエージェント（FA）権を行使した。

ドジャースタジアムで黒田㊧と再会し、談笑する高橋さん(2009年5月18日)

日本人最年長のメジャー挑戦。その道は険しかった。大リーグは金融不安の影響でFA市場が停滞。獲得へ興味を示しながら、手を引く球団もある。「新球場元年」に備えるカープナインを横目に、浪人状態で自主トレーニング。ようやく2月にブルージェイズ入りが決まった。メジャー契約で渡米した黒田や松坂とは違って、マイナー契約だった。

メジャー昇格を勝ち取るためにキャンプで競争。オープン戦で右ふくらはぎを痛めて戦力外となり、メッツと再契約。3Aで好投を重ね、5月にメジャーデビューを果たした。「内角を突いて外に変化球。日本でのセオリー通り。（米国選手より）球速は10キロ遅くても、マウンドでいつもの自分でいられれば何とかなった」

昇格と降格の繰り返し。「いつもの自分」を保つのが難しい。「マイナーでは10時間のバス移動もあった。試合後に食事をバッグに詰めて食べることもあった」。家族を広島に残し、単身生活。「街で『KOBE（神戸）』ビーフの文字につられて店に入った。松坂がいたボストンでは、日本人シェフがおにぎりを握ってくれた。おいしかったなあ。終盤は帰国までをカウントダウンしていた」。メジャー28試合に登板、0勝1敗、防御率2・96だった。

オールドルーキーは翌10年、経験を買われてカープへ戻る。「1度飛び出した身なのに…。感謝ばかり。人生は修行ですね」。米球界で試した気力も体力も、もはや限界だった。探していた理由を見つけ、同年にマツダスタジアムで引退。現在は阪神でコーチを務める。

2000 年代の成績・出来事

年	監督	順位	成績				主な出来事
			勝	敗	引分	勝率	
2000	達川晃豊	5	65	70	1	.481	金本知憲が打率.315、30本塁打、30盗塁で史上7人目のトリプルスリーを達成した。河野昌人がシドニー五輪に出場して4位。達川晃豊監督が成績低迷の責任を取る形で退団し、山本浩二監督が復帰した。
2001	山本浩二	4	68	65	7	.511	4番でフル出場した金本知憲が1002打席連続無併殺打の日本記録を樹立した。左腕の菊地原毅はシーズン78試合登板の日本タイ記録。ルイス・ロペスとエディ・ディアスはそろって「打率3割、30本塁打」を上回った。
2002	山本浩二	5	64	72	4	.471	弱小球団を黄金期へ導いた松田耕平オーナーが80歳で亡くなった。アキレス腱(けん)痛に泣き続けた前田智徳は3年ぶりに規定打席に到達し、カムバック賞。オフに金本知憲が阪神へフリーエージェント(FA)移籍した。
2003	山本浩二	5	67	71	2	.486	佐々岡真司が史上6人目の「100勝100セーブ」を達成した。永川勝浩が3勝(3敗)25セーブ。28セーブポイントは新人の球団記録だった。Bクラス、タイトル獲得者なしはともに6年連続だった。
2004	山本浩二	5	60	77	1	.438	10年目に大ブレークした「赤ゴジラ」嶋重宣が首位打者(打率.337)に輝いた。黒田博樹と木村拓也がアテネ五輪で銅メダルを獲得した。新球場建設への機運が高まり、「平成のたる募金」が始まった。
2005	山本浩二	6	58	84	4	.408	野村謙二郎が通算2千安打を達成した。黒田博樹が最多勝(15)、新井貴浩が本塁打王(43)を獲得し、そろってベストナインに初選出された。最下位で山本浩二監督が辞任し、マーティー・ブラウン監督が就任する。
2006	マーティー・ブラウン	5	62	79	5	.440	黒田博樹が最優秀防御率(1.85)を獲得。「カープファンとカープを相手に投げる姿が想像できなかった」とフリーエージェント(FA)権を行使せずに残留した。梵英心は球団7人目の新人王に輝く。
2007	マーティー・ブラウン	5	60	82	2	.423	前田智徳が通算2千安打を達成した。オフには黒田博樹がドジャースへ、新井貴浩が阪神へフリーエージェント(FA)移籍し、投打の柱を同時に失う。新たな本拠地となる天然芝の球場が11月に着工した。
2008	マーティー・ブラウン	4	69	70	5	.496	15勝を挙げたコルビー・ルイスが最多奪三振(183)に輝く。永川勝浩は38セーブ、梅津智弘は23試合連続無失点、いずれも球団記録を更新した。二塁の東出輝裕は打率3割1分で初のベストナインを受賞した。
2009	マーティー・ブラウン	5	65	75	4	.464	マツダスタジアムが開場し、観客動員は187万人を超えた。コルビー・ルイスは2年連続の最多奪三振(186)。大竹寛はリーグ歴代6位の43回連続無失点をマークした。マーティー・ブラウン監督が退任、野村謙二郎監督が就任した。

2010年代（番外編 2020年）

25年ぶり7度目のリーグ優勝を決め、
喜びを分かち合う広島ナイン
（2016年9月10日、東京ドーム）

70人の証言 61

2010年

浅井 樹 さん（49）

あさい・いつき
1971年12月14日生まれ。野手。90～2019年に在籍。通算523安打。広島市西区在住

タク 思い出すと熱いものがこみ上げる

2010年4月2日、マツダスタジアムは午後6時の試合開始を控え、巨人ナインがシートノックに励んでいた。広島の打撃コーチは、5連敗阻止へ一塁ベンチ裏でスイング指導。「前田（智徳）の叫び声が響いた。『おい、タクが倒れたぞ』って」。グラウンドへ飛び出すと、本塁付近に異常事態を示す人だかり。巨人の木村拓也内野守備・走塁コーチが、あおむけで横たわっていた。

駆け寄り、医師の指示で点滴のパックを持つ。かすかな呼吸が聞こえるが、ぴくりとも動かない。「ボールが当たったんかなと思った。巨人の緒方（耕一）コーチに『体調が悪かったんですか』って聞くと、思い当たる節はないと…」。救急車へ運ばれる姿を祈る思いで見送った。くも膜下出血だった。

一つ下の木村拓は37歳。気心が知れ、カープ時代は「ほぼいつも一緒。キャッチボールの相手だったし、食事やゴルフも行ったし、家族ぐるみで近所付き合いしていた」。左の代打の切り札と、内外野どこでも守れる万能選手。レギュラーへあと一歩の境遇も似ていた。木村拓が巨人へトレード移籍した06年、自らは現役を退いた。

倒れた木村拓は、広島大病院（広島市南区）の集中治療室へ入った。球団からは「広島でのリハビリになるだろう。支えてやってくれ」と頼まれた。もちろんそのつもりだったが、刻々と状況は厳しくなる。「社会復帰は難しいかもと聞かされ、最後は駄目かもしれないって…」

カープが関東へ移動する5日、静かに寝ている姿を見舞った。「きれいな顔でね。動きはせんかった。『タク、遠征が終わったらまた来るぞ』と声を掛けた」。2日後、遠征先のテレビ速報で訃報を知った。

葬儀は10日、広島市内で営まれた。横浜で試合があったため、妻に参列を頼んだ。この日、木村拓と旧交を温めるはずだった。「倒れた日の練習中、横浜で食事をしようと約束してね。別れ際に『じゃあ10日な』って」。それが最後の会話となった。

広島へ戻ると、自宅を訪ねて線香を上げた。遺影を前にしても涙は出なかった。「ふいに思い出した時に、胸から熱いものがこみ上げてくる」。球団職員の今も、試合に出たいと嘆き、励まし合った、泣き笑いの日々は忘れない。桜がほころぶ季節には、欠かさず墓前で手を合わせる。この春もまた、二人だけの思い出話に花を咲かせる。

マツダスタジアムで広島ナインにあいさつする巨人の木村拓コーチ(2010年4月2日)

70人の証言 62

2011年

永田利則さん（59）

ながた・としのり
1961年10月9日生まれ。野手。80～87、94～2019年に在籍。通算46試合出場。広島市佐伯区在住

送球難の丸 毎日のように遠投させた

本拠地移転から3年目の2011年、カープの守備陣は落ち着きを見せ始める。旧広島市民球場から両翼が約10メートル広がり、内外野総天然芝となったマツダスタジアムでのチーム失策数は40。09年の50、10年の45から着実に減らした。2年ぶりに2軍から1軍へ戻った守備・走塁コーチは「（新球場が）できた時は守る選手が大変じゃと思った。ようやく対応力がついてきた」と振り返る。

外野担当コーチが最も気をもんだのは、デーゲーム終盤の日差し。夕方になると真正面から西日を受け、しばしば飛球を見失う。「サングラスをしなければ打球が見えない。若い選手にも使うように言った。帽子のつばを長くできんかなあ、という話もしたな」

オープン球場は風も悩ましい。右翼線や左翼線の飛球は、風向きに関係なく、ファウルゾーンから戻ってくることがある。左右非対称の形状は、クッションボールも癖がある。「左翼は要注意。砂かぶり席の網目に指を取られてけがをしないようにしなければならない。ポール際には打球が当たっても跳ね返らず、フェンス沿いに転がっていく場所がある」。何度もノックで確かめた。

シーズン序盤、前年ゴールデングラブ賞の広瀬純と赤松真人がけがで離脱。4年目の丸佳浩が穴埋め役となる。5月3日の横浜（現DeNA）戦ではフェンスに激突しながら好捕。「フェンスが柔らかいから怖くない。2軍時代もマツダへ来るたび、慣れるように練習を積ませていた」

丸は野村謙二郎監督から将来性を見込まれ、初めて規定打席に到達。主力への一歩を踏み出した。「送球に難があったから、毎日のように遠投させた。彼は心が強いから、逃げ出さない。先輩たちから投げ過ぎじゃないかと言われても『投げられないと野球がつまんない』って言っていたな」。社会人野球に登録するMSH医療専門学校で指導する今も、継続の大切さを強調する。

マツダスタジアムでは30勝36敗3分け、開場から3年続けて負け越した。「他の球団よりも慣れているわけだから、負け越す理由は守りだけじゃなかったんだろう」。50イニング連続無得点のリーグワースト記録をつくった打線も、世代交代が急務だった。

翌12年には守備範囲がめっぽう広い菊池涼介が入団。土と天然芝が混在するグラウンドが、若い才能を名手へと育て、「投手を中心とした守りの野球」の下地が整い始める。

右中間への大飛球をフェンスにぶつかりながら好捕した丸（2011年5月3日）

70人の証言 63

2012年

鈴木将光さん（33）

すずき・まさみつ
1987年4月8日生まれ。野手。2006～15年に在籍。通算6試合出場。三原市在住

必死にバット振り 7年目の初安打

入団7年目での初の1軍昇格は、広島のドラフト1位野手で最も遅い。待望の初出場は2012年9月13日の巨人戦（東京ドーム）。「7番・右翼」で先発し、初打席で初安打を放った。「下積みやけがの苦しさを知っている嶋（重宣）さんや栗原（健太）さんに『腐るな。バットを振ったもん勝ちだ。誰が見てるかわからんぞ』と言われてきた。必死に振ってきた結果です」

マウンドには、11年から2年連続最多勝に輝く左腕の内海哲也。二回2死一塁、バットを折られながら右前へ運んだ。「何の印象もない打者ですからね。とりあえず自分の球を投げようかなという感じだったのかな。バットの先っぽで泥くさい当たり」。一塁の塁上で、傷だらけの日々を思い返した。

06年に石川・遊学館高から高校生ドラフト1巡目で入団。「シーズン50本塁打、50盗塁」と壮大な目標を掲げ、いきなりつまずく。春季キャンプで緒方孝市、前田智徳の両ベテランと外野を守り「スターに囲まれてプレッシャーがあった。何とか認められたい」。全力送球の繰り返しで右肩に違和感をおぼえ、3月に激痛が走る。「右肩腱板炎、関節唇損傷」。腰痛も発症して手術し、1年目を棒に振る。

肩や指の脱臼を重ねるたび、1軍が遠ざかる。すがる思いで神社へ参拝し、お守りを握りしめる日々。先輩に引き離され、2歳下の丸佳浩に追い抜かれた。

若手はトレーナー室へ行くもんじゃない。そんな空気を感じていた。「多少のけがは隠した。（練習を）止められて試合に出られなくなる」。10年目で大ブレークした嶋、幾多のけがを克服して4番となった栗原から学ぼうと必死だった。

プロ初安打で手応えをつかみ、13年春に内海との再戦が待つ。2月のワールド・ベースボール・クラシック（WBC）日本代表との強化試合で左越え3ラン。開幕カードの巨人戦は内海対策でスタメン起用されると、2三振に倒れた。「見たことないようなカーブを投げられた。本気になってもらえた」

太もも裏の肉離れを繰り返し、10年目の秋に戦力外。通算2安打は、捕手を除くドラフト1位野手では球団史上最少である。「けがで始まり、けがで終わった」。三原市で鍼灸（しんきゅう）師として再出発。腐らなかった自負があるから、豊富な失敗談を惜しみなく伝えられる。

プロ7年目で初出場、初打席で初安打を放った鈴木さん㊥（2012年9月13日）

70人の証言 64

2013年

同期の誠也 僕らと成長曲線が違った

美間優槻さん（26）

みま・ゆうき
1994年5月26日生まれ。野手。2013～18年途中まで在籍。通算46試合出場。愛知県北名古屋市在住

大野寮の部屋は散らかり、私服姿ではどこか落ち着きがない。2013年入団のドラフト5位は、同2位鈴木誠也の性格を「プライベートは大ざっぱなO型タイプ。野球のことになると真面目なA型タイプ」と語る。そのギャップが生み出す親近感は、侍ジャパンのユニホーム姿が板に付いた今も変わらない。

右打ち野手5人が一斉に入団。一緒に内野を守り、肩の強さと足の速さに驚いた。「春季キャンプのシート打撃で僕が中前打を放って喜んだ後、誠也が強烈な中越え打を放った。打撃もすげーなって」。ドラフト1位の高橋大樹よりも注目を集めていた。

野球センス以上に、努力する姿勢に感心した。「夜の11時半ごろに寮の部屋でゆっくりしていると、誠也から電話がかかってきた。『何してるの。目の前にボールが散らかってるんだけど、一緒に拾おうよ』って」。眠い目をこすりながら隣接する屋内練習場へ。マシンを相手にたっぷり打ち込んだ鈴木が、充実の笑みを浮かべていた。

別の日の深夜、お茶を飲もうと食堂へ向かうと、ロビーから「ブン」と空気を切り裂く音が聞こえた。「大きな窓があって、外が暗くなると鏡代わりになる。そこで素振りをしていた」。鬼気迫る表情を浮かべていた。

悩み深い一面もあった。「頭に10円ハゲができていたことが2、3度。ぼそっと『すぐに気持ちを切り替えられていいよな』とぼやかれたこともある。自分自身に腹が立つ性分なんでしょう」。一緒に風呂に入ったり、映画を見に行ったりすると忘れたかのように笑っていた。

マツダスタジアムで初練習する鈴木（右端）や美間さん（左から3人目）ら新人選手（2013年1月17日）

高橋大を加えた「高卒新人トリオ」はウエスタン・リーグで競い合う。自身は36試合で打率2割1分9厘（73打数16安打）、高橋大が61試合で同2割1分9厘（128打数28安打）だったのに対し、鈴木は93試合で同2割8分1厘（335打数94安打）。「僕らとは成長曲線が違った」

入団6年目、リーグ3連覇する18年の5月9日、マツダスタジアムのスコアボードを目に焼き付けた。「スタメンに3人の名前が並んだ。やっと同期でここまできたなって…」。会社員となった今でも、その感動を覚えている。2カ月半後にソフトバンクへトレード移籍。19年秋に戦力外が発表されると、鈴木から電話がかかってきた。「お疲れさま」。球拾いの誘いではなく、ねぎらいだった。

70人の証言 65

2014年

比嘉寿光さん（39）

ひが・としみつ
1981年4月19日生まれ。野手。2004〜09年に在籍。通算8試合出場。広島市西区在住

「カープ女子」狙い絞って広報戦略

「カープ女子」が全国区となる。ユニホーム姿で球場へ通う女性ファンが増え続け、2014年の「ユーキャン新語・流行語大賞」でトップ10入り。「野球を知らなくても『この人かっこいい』といった感じで、球場へ来るきっかけをつくりたい。露出を増やし、選手の顔を知ってもらうことから始めた」。通算3安打の内野手から転身5年目。球団広報が狙い澄まして放ったヒットだった。

マツダスタジアムが開場した09年の187万3046人をピークに、観客動員は伸び悩んだ。「ある試合前、マエケン（前田健太）がつぶやいた。『きょうもガラガラです…』って。お客さんの多さは選手のモチベーションに直結する。スタンドをいっぱいにしたかった」

低迷打破のため、広報戦略を練る。狙いを女性ファンに絞った。「ラーメン屋でも、女性は一人だと入りづらく、2〜3人連れで食べに行く。じゃあ球場にも、友達を引き連れてきてくれるんじゃないか」

優勝から遠ざかって20年余り。取材や番組出演の依頼は、人気と実力を兼ね備えた前田健に偏る。「若手を知ってもらうにはどうしたらいいか。思い付いたのが、マエケンとの抱き合わせだった」。取材の合間に若手もねじ込み、共演企画を自ら提案して売り込みに努めた。

メディア出演やヒーローインタビューを苦手とし、拒む主力もいた。「どのタイミングで『一生のお願い』を使うか。代わりに頼み事をできる限り引き受けた」。沖縄育ちの明るさで、ナインとの駆け引きを楽しんだ。

中国新聞社（広島市中区）での研修経験を生かし、ブログを開設した。「新聞や雑誌を参考に、記事の書き方や写真の撮り方を工夫した」。ロッカーや私服姿での素顔を発信し、ファンの心をくすぐった。

菊池涼介、野村祐輔、堂林翔太、鈴木誠也…。明るく爽やかな面々が「カープ女子」を球場へ招き、その声援がナインの奮起を呼ぶ。2年続けてクライマックスシリーズ（CS）に進出した14年、観客動員は190万4781人。5年ぶりに歴代最多を更新した。

年末には米大リーグから黒田博樹の電撃復帰が決まり、注目度はさらに急上昇。年間指定席が初めて完売し、観客動員200万人時代が訪れる。「深夜番組からゴールデン枠に昇格したような感じかな」と目を輝かせる。

球団主催の観戦ツアーで、関東地方からマツダスタジアムへ訪れた「カープ女子」たち（2014年5月10日）

70人の証言 66

2015年

痛恨の落球。情けなくて涙が出た

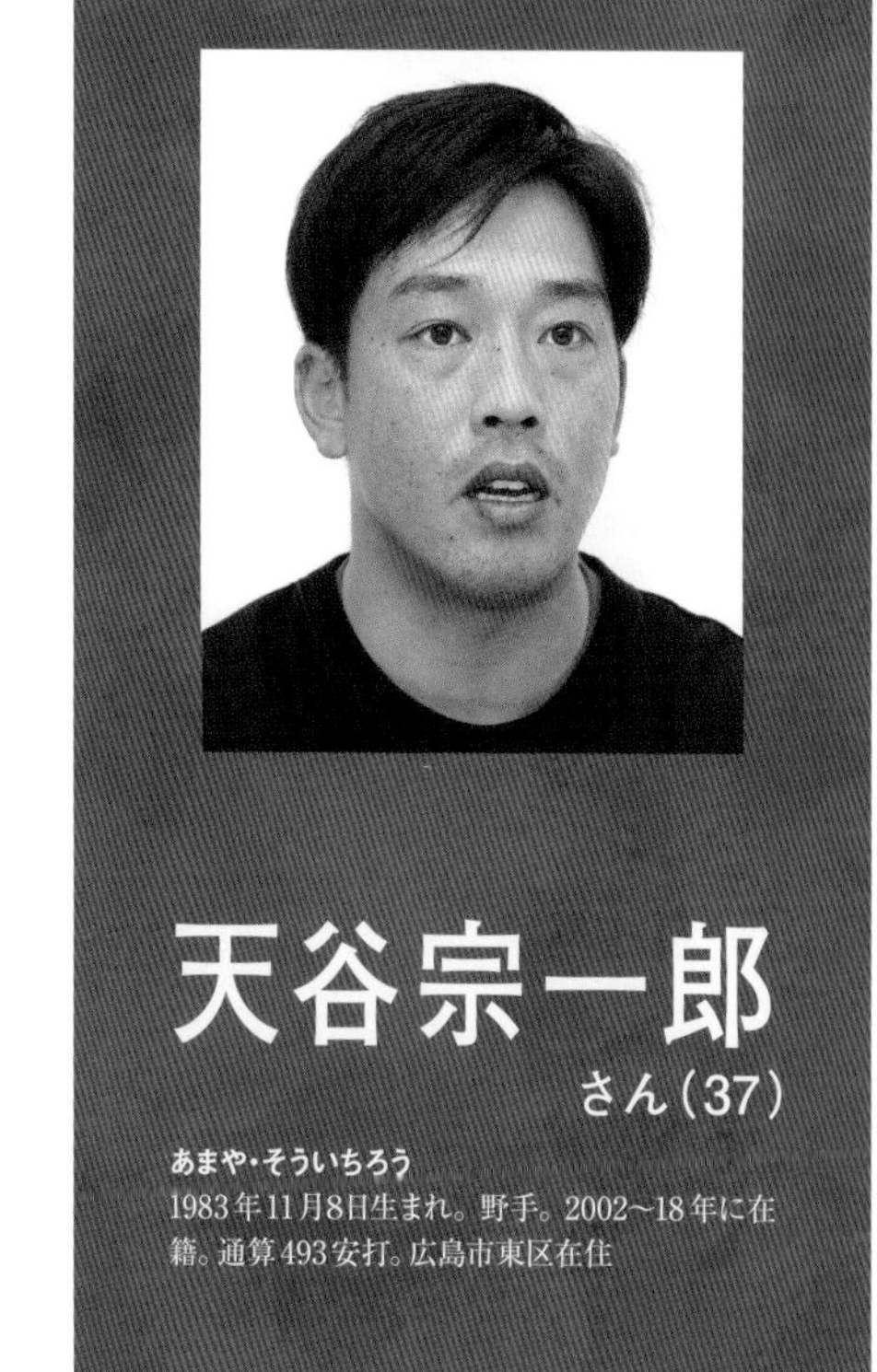

天谷宗一郎さん（37）

あまや・そういちろう
1983年11月8日生まれ。野手。2002～18年に在籍。通算493安打。広島市東区在住

黒田博樹の復帰で優勝候補に挙がった2015年は、開幕10試合で2勝8敗と出遅れた。4月7日の巨人戦（マツダ）は、プロ2年目の大瀬良大地が完封を逃して7連敗。1―0の九回、14年目の外野手の捕球ミスから暗転した。「（大瀬良）大地は気丈に振る舞い、『次はお願いします』と励ましてくれた。先輩として、情けなくて涙が出た」

左翼の守備固めに入り、先頭は左打ちの亀井善行。ベンチからは左翼線へ寄る指示があった。「もしかしたら左中間へ飛んでくるんじゃないか…。不安を拭えなかった」。頭を整理できないまま、力ない飛球が左中間へ。難なく追い付いたが、グラブに当てて落球（記録は二塁打）した。

新人の野間峻祥が加わった外野陣で、最年長の開幕1軍。代走や守備固めの役割は理解していた。「レギュラーが全てじゃないと思い始めた。だけど、足と守備で断然上の赤松（真人）さんでなく、僕でいいのか…。考えなくていいことまで考えた」。シーズン初白星を逃した大瀬良は波に乗り損ね、中継ぎへ回って苦戦。秋にはクライマックスシリーズ（CS）を懸けた最終戦で打たれ、涙を流す。

Bクラスが決まり、泣く大瀬良㊥と慰める前田健㊨。左は中崎翔太（2015年10月7日）

自他ともに認める「100点か0点」のプレーヤー。フェンスに登って本塁打性の打球を好捕したかと思えば、平凡な飛球を何度も見失った。「勢いに乗ればどんどん行けるが、不安があればとんでもない失敗をしてしまう」。スマートで堅実なベテラン像とは、到底かけ離れていた。

阪神から新井貴浩も復帰したシーズンだった。ロッカールームでは黒田と熱く語り合っており、その言葉に耳を傾けた。「2人が何とかチームを良くしようとしている。僕らが打てない、守れないで、一喜一憂してどうするんだ」

翌16年は開幕第2戦で決勝打を放ち、黒田とお立ち台に並んだ。そんな「100点」に浮かれることなく、「僕のようなマルチプレーヤーに爆発力はいらない」。スタメンは14試合。ベンチで戦況を読み、淡々と出番に備え、打ち込まれた若手投手には積極的に声を掛けた。リーグ3連覇を遂げて引退し、中国放送の野球解説者を務める。

「僕は恵まれていた。チームがどう変われば強くなれるのか、知ることができた」。理想のベテランにはなれなくても、理想的なチームの一員にはなれた。

70人の証言 67

2016年

江草仁貴さん（40）

えぐさ・ひろたか
1980年9月3日生まれ。投手。2012〜17年に在籍。通算22勝17敗。兵庫県姫路市在住

V決定 そこにいない自分に悔しさ

25年ぶりのV決定をテレビの前で見届けた。2016年9月10日、東京ドームでの巨人戦。先発の黒田博樹が粘り、打線が逆転。新井貴浩がウイニングボールをつかみ、中崎翔太が胴上げ投手となる。福山市で育ち、阪神と西武でキャリアを重ね、カープで燃え尽きようとしていた36歳左腕には、胸にこみ上げてくるものがあった。「うれしさ、ではなかったですね」

41歳の黒田が泣いていた。専大の先輩は毎年のように大学を訪れ、激励してくれた。「律義というか、当たり前の事ができる人。マウンドに上がる準備もそう。プロ意識も含めて、背中で見せてくれるものがすごい」。その涙には心が震えた。

打線はこの年、45試合の逆転勝利で「逆転のカープ」と呼ばれる。「一気に大量点を奪う。（03〜10年に在籍した）阪神時代にはカープを怖いと感じたことはなかった」。若返った顔触れが頼もしかった。

新井が笑っていた。阪神では08年から3年間、一緒にプレーした。「阪神の時よりも3倍は明るい。心の底から楽しそう。これが本当の新井さんなんだ」。はしゃぐ姿に頬が緩んだ。

オフの練習パートナー、12歳下の中崎が抑えで一本立ちした。「西武で中崎の兄から、よろしくと頼まれた。彼は凝り性。趣味の漫画や競馬、そしてトレーニングもね。本当によく考える」。地道な成長に目を細めた。

テレビの前の自分には「腹が立った。何で俺は胴上げの中にいないんだよ」。1軍での登板は中継ぎで8試合のみ。直球で空振りが奪えず、フォークを見切られ、2軍でも打ち込まれ、限界を感じていた。家族には引退の意思を伝え、バレーボール元日本代表の妻佳江さんは、兵庫県姫路市でプロチームの監督就任を引き受けた。こみ上げる感情に従い、妻へ打ち明けた。「（現役を）もう1年、やりたくなったんだけど…」

翌年はプロ15年目で初めて1軍登板がなく、リーグ連覇に立ち会えなかった。引退し、介護事業の経営に乗り出す。「僕は闘争心が足りない。野球選手に向いていないと思い込んでいた。でもあの優勝の瞬間、悔しさがこみ上げ、心の火が燃え上がった。意地とプライドを持っていたことを確認できてよかった」。余力を振り絞って完全燃焼。だからもう、悔いはない。

25年ぶりのリーグ優勝を決め、喜ぶカープナインとファン（2016年9月10日）

70人の証言 68

2017年

育成8割・勝ち負け2割で2軍日本一

水本勝己さん（52）

みずもと・かつみ
1968年10月1日生まれ。捕手。90〜2020年に在籍。1軍出場なし。大阪市在住

「2軍の頂点を決める一発勝負に、不思議な縁を感じた。

２０１７年10月7日、宮崎市であったファーム日本選手権。イースタン・リーグ王者・巨人の内田順三2軍監督は、12〜14年に広島の2軍監督だった。勝負にこだわる恩師との対決を制し、2軍監督として、球団史上初の日本一に輝く。「僕は育成8割、勝ち負け2割。内田さんが植え付けた勝利への欲が、財産として残っていたんだろう」

26年ぶりにウエスタン・リーグを制覇。7試合で防御率1・29の新人高橋昂也を、大一番の先発に抜てきした。佐々岡真司2軍投手コーチと「経験を積ませよう」と意見が一致。6回2失点で期待に応えた。七回には新人の坂倉将吾が決勝3ラン。育成目的で起用した19歳コンビが活躍し、ペナントを手にした。

球団初のファーム日本一となり、ペナントを手にした水本さん（前列左から3人目）ら2軍の一同（2017年10月7日）

１９９０年にドラフト外で入団し、2年で戦力外。ブルペン捕手として、数々の指導者と接してきた。「山本浩二さんの明るさ、三村敏之さんの柔軟性、達川光男さんの言葉力、大野豊さんの目配り…。それらをミックスした」。先輩たちの長所を手本とし、独自の監督像を模索した。

監督の孤独を味わった。「首脳陣のミーティング後、言い方が悪かったかなと思うこともある。コーチ同士が話し合う姿を見たら、悪口を言われているんだろうか、って勝手な想像をすることもあった」。2軍ならではの気苦労も絶えない。「1軍から推薦できる選手を求められても、いない時はいない。緒方（孝市）監督に『おらんのや、ごめんな』と伝えるのは心苦しかった」

2軍はくすぶる場でもある。緊張感を欠く若手投手を叱り飛ばし、半べそをかかせたことがある。出番を失った中堅野手を懇々と励ましたこともある。「何とかしてあげたい。人は考え方一つで生まれ変われる」。熱意は通じ、1軍の戦力になろうと奮起させた。裏方時代から「カープを強くするために雇われている」という信念を貫き、「育成8割」の選手起用と采配にこだわった。

31年間在籍した広島を離れ、２０２１年オリックスのヘッドコーチに就任した。「カープはこうだったなんて、頭ごなしに言うことはしない」と、再び新たな指導者像を探し求める。6年連続Bクラスからの浮上へ、まずは「勝ち負け10割」の姿勢でパ・リーグへ乗り込んだ。

70人の証言 69

2018年

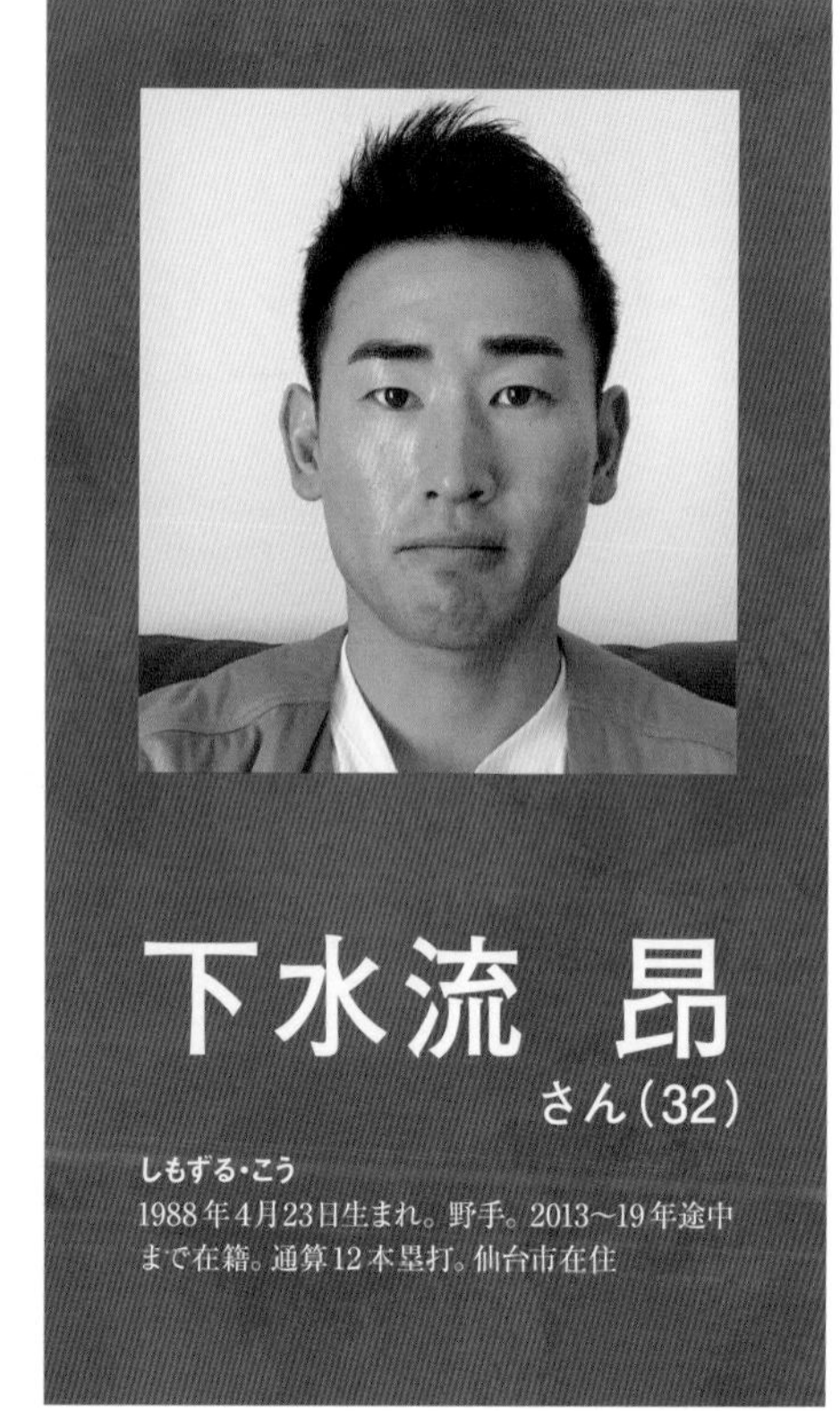

下水流 昂 さん(32)

しもずる・こう
1988年4月23日生まれ。野手。2013〜19年途中まで在籍。通算12本塁打。仙台市在住

逆転サヨナラ弾、見えない力が働いた

「1軍半」はスタートダッシュが肝心だと身に染みている。「最初にこけると精神的にしんどい。焦ってしまう。10打席あれば、先に3本打つのと、最後に3本打つのとでは、首脳陣の印象も全く違う」。2018年は理想的だった。オープン戦は打率3割6分、開幕第3戦では先制ソロを含む2安打。手応えをつかんだ6年目の外野手はこの夏、一振りで広島に勇気をもたらした。

7月6日に西日本豪雨が発生。広島県は甚大な被害を受け、直後に予定されていたマツダスタジアムの3試合が中止となった。再開は20日。首位を走るカープは7連勝中の2位巨人と対戦した。黙とうで始まった乱打戦に左翼で途中出場。8－8の十回に岡本和真のソロで勝ち越された。負ければ4ゲーム差に迫られる。「巨人ベンチはお祭り騒ぎ。まずいと感じた」

直後の攻撃、2死一塁で打席が回ってくる。マシソンの外角直球をたたくと、右翼ポール際へ飛び込む逆転サヨナラ2ラン。打った本人は半信半疑だった。「打球が切れそうで切れなかった。あんな打球はなかなか打てない。見えない力が働いた」

翌21日の試合前、ナインと義援金を募った際、その一発の価値を痛感した。「ファンから『感動した。ありがとう』と言われて。プロ選手として、みんなに覚えてもらえる一打だった」。巨人に3連勝し、8ゲーム差をつけ、リーグ3連覇へ突き進んだ。

この一発を見届けた新井貴浩は直後、球団に引退を申し入れた。「よく食事へ連れて行ってもらった。そのたびに『頑張れよ、頑張るんだぞ』と言われ続けた」

先発の機会は、簡単には巡ってこない。丸佳浩や鈴木誠也に加え、野間峻祥や松山竜平も好調。8月下旬に2軍へ降格する。「調子は悪くなかった。だけど控えというのはそういう立ち位置。すごい選手が多くて勝てなかった」。クライマックスシリーズも、日本シリーズも出番はなかった。

翌19年はキャンプで故障して最悪のスタート。7月、楽天へトレード移籍する。「カープ史に残る3連覇メンバーになれたのは幸せ。いい時代を過ごせた」

楽天でも「1軍半」が続く。スタートダッシュを成功させるため、春季キャンプでバットを振り込んでいる。「やることは変わらない」。東北は東日本大震災から10年を迎えた。

逆転サヨナラ2ランを放ち、ナインに出迎えられる下水流さん㉟
(2018年7月20日)

70人の証言 70

2019年

ブラッド・エルドレッドさん（40）

ブラッド・エルドレッド
1980年7月12日生まれ。野手。2012年途中〜18年に在籍。通算133本塁打。米国フロリダ州在住

在籍7年　手厚いサポートに感謝

退団から約1年、外国人では異例の引退セレモニーに臨んだ。2019年9月15日の試合前にフリー打撃、試合間に愛用のママチャリでグラウンドに登場、試合後にスピーチ。「日本に居られることに感謝して、常にチームやファンに対して正しい振る舞いをしようと心掛けた」。在籍7年、「和」を尊んだスラッガーをマツダスタジアムの温かな拍手が包んだ。

カープが貧打にあえぐ12年途中に来日した。13年は初のクライマックスシリーズ進出を決める一発を放ち、14年はリーグ最多37本塁打でタイトルに輝く。通算133本塁打で長き低迷を打破した。「成功の大きな理由は、生活面で家族の心配をしなくて良かったから。グラウンドでのプレーに集中できた」と、国際業務課の手厚いサポートに感謝する。

妊娠した妻の通院の付き添い、家電の使い方…。球団職員のきめ細かな心遣いを支えに、長女は広島市内の公立小学校へ通った。一緒にランドセルを買いに行き、「宿題や配布プリントの翻訳もしてくれた。業務の範囲を超える手助けをしてもらった」。誕生日会や運動会に招いて「いつの間にかスタッフとしてではなく、家族や友人のような関係を築けた」。引退セレモニー後、妻は親しい女性職員へおそろいのブレスレットを贈った。

いい事ばかりではなかった。好不調の波が激しく、2軍降格も経験。死球や全力疾走でけがに見舞われた。「ソフトボール選手だった妻が、プレーヤーの苦悩や体の状態を理解してくれた」。広島ライフを楽しむ家族の存在が、再起への活力源となった。

キラやジョンソンら、20人以上の外国人選手と一緒にプレーした。「日本に居続けたいという気持ちが成功につながる。異文化に触れたくない、箸も使いたくないなんて選手もいたけどね」。先輩として「もっとエンジョイしようよ」と伝えた。

引退後は駐米スカウトに就任し、外国人選手の発掘に努める。今季、中軸候補として加入したクロンが、鈴木誠也と頻繁にコミュニケーションを取っていると聞き、満足そうにうなずく。「彼は日本での成功へ前向きで、パワーヒッターとしての能力もある。チャンスは十分にあるよ」。期待と不安を抱える後輩の姿に、9年前の自分を重ね合わせている。

愛用の自転車にまたがって家族と登場し、ファンを喜ばせたエルドレッドさん＝手前右(2019年9月15日)

70人の証言 番外編

2020年

無観客の開幕。頭で分かっても違和感

石原慶幸さん（41）

いしはら・よしゆき
1979年9月7日生まれ。捕手。2002～20年に在籍。通算1022安打。広島市中区在住

球団創立70周年のシーズン、不惑の捕手は戸惑うばかりだった。新型コロナウイルスの感染拡大で開幕延期、無観客、球場やホテルでの行動制限…。「日本中、いや、世界中のみんなにとって初めてのこと。誰もがそうだと思いますが、オンとオフの切り替えが難しかった」。チーム最年長40歳の経験が、全く生かせなかった。

3月20日の開幕は無期限で先送りされ、手探りの調整が続いた。選手同士の接触を最小限に抑えるため、班を編成。メンバーと時間を分けて練習した。「1カ月ぐらい会わない選手もいた。話ができないのは仕方がないが、投手の球を捕れないのは困った」

新人の森下暢仁や外国人投手が加入し、塹江敦哉や遠藤淳志らが台頭。その力量をブルペンで見極めるはずだった。「調子が悪い時にどの球が使えるか。これは実際に捕らないと確かめられない」。大切にしてきた、投球を介するコミュニケーションを欠いた。

3カ月遅れの開幕に、ファンの歓声と拍手はなかった。「無観客だと頭で分かっていても、違和感は拭えなかった。本当に始まったの、という感じ」。

無観客のマツダスタジアムで開催された地元開幕カードの阪神戦(2020年7月5日)

遠征先ではコンビニと散歩を除く外出が禁じられ、士気を高め合う会食はできない。横並びの食事会場では会話を控え、新幹線やバス移動は制約ばかりだった。シーズン序盤から負けが込み、「気分転換は簡単じゃなかった」。

下位に沈む8月下旬、先発マスクが巡ってくる。負の流れを変えることはできず、逆に走塁で脚を痛めて戦列を離れた。「チームの力になれないようであれば…。数年前から思っていたこと。けがをする前に、気持ちは固まっていた」と引き際を見極めた。

長期低迷を耐え抜き、球団史上初のリーグ3連覇を遂げた。「どんな時でも全員で戦い、決して諦めないのがカープの野球。マツダスタジアムの無観客を経験して、改めてお客さんの力を知ることができた。全員とは、カープファンも含めた全員です」

新米の野球評論家はキャンプ視察を重ね、厳しく戦力分析する。「バッテリーに注目して、分かりやすく伝えられるように勉強したい。もちろん、カープが強くなるように応援しながら」。OB1年生としては、後輩たちを温かく見守っていく。

2010年代、2020年の成績・出来事

年	監督	順位	成績				主な出来事
			勝	敗	引分	勝率	
2010	野村謙二郎	5	58	84	2	.408	前田健太が最多勝（15）、最優秀防御率（2.21）、最多奪三振（174）の投手3冠で沢村賞に輝く。梵英心は盗塁王（43）。8月には赤松真人と天谷宗一郎がマツダスタジアムのフェンスに駆け登って好捕した。
2011	野村謙二郎	5	60	76	8	.441	前田健太が2年連続の最多奪三振（192）、一塁の栗原健太が初のベストナインに輝く。交流戦で4試合連続零封負けを含む50イニング連続無得点、不名誉なリーグ記録をつくった。53年ぶりに広島で8月6日に公式戦があった。
2012	野村謙二郎	4	61	71	12	.462	前田健太が4月6日のDeNA戦（横浜）で球団4人目（6度目）の無安打無得点を達成し、最優秀防御率（1.53）に輝く。野村祐輔が防御率1.98で新人王、大竹寛は3年ぶり2桁の11勝でカムバック賞に選ばれた。
2013	野村謙二郎	3	69	72	3	.489	16年ぶりにAクラス入りし、クライマックスシリーズ（CS）に初進出した。前田健太が2年連続の最優秀防御率（2.10）、丸佳浩が初の盗塁王（29）。広瀬純は15打席連続出塁のプロ野球新記録を樹立した。
2014	野村謙二郎	3	74	68	2	.521	13年ぶりに勝ち越した。ブラッド・エルドレッドが本塁打王（37）、10勝の大瀬良大地が新人王に輝く。野村謙二郎監督が辞任し、緒方孝市監督が就任。12月末、米大リーグで5年連続2桁勝利の黒田博樹が復帰を決断した。
2015	緒方孝市	4	69	71	3	.493	観客動員が初めて200万人を超えたが、最終戦に敗れてBクラスに終わる。クリス・ジョンソンは最優秀防御率（1.85）。前田健太は最多勝（15）で沢村賞に輝き、ポスティングシステムで米大リーグに挑戦する。
2016	緒方孝市	リーグ優勝	89	52	2	.631	黒田博樹が日米通算200勝を達成。新井貴浩は通算2千安打に到達し、リーグMVPに選ばれた。野村祐輔は最多勝（16）と勝率第1位（.842）、クリス・ジョンソンは沢村賞を受賞。日本シリーズは日本ハムに2勝4敗で屈した。
2017	緒方孝市	リーグ優勝	88	51	4	.633	37年ぶりに連覇。クライマックスシリーズ（CS）で3位DeNAに敗れ、日本シリーズ進出を逃す。丸佳浩は最多安打（171）でリーグMVP、田中広輔は盗塁王（35）と最高出塁率（.398）、薮田和樹は勝率第1位（.833）に輝く。
2018	緒方孝市	リーグ優勝	82	59	2	.582	丸佳浩は最高出塁率（.468）で2年連続リーグMVP、シーズン終了後フリーエージェント（FA）で巨人へ移籍する。大瀬良大地は最多勝（15）と勝率第1位（.682）。日本シリーズはソフトバンクに1勝4敗1分けで屈した。
2019	緒方孝市	4	70	70	3	.500	鈴木誠也が首位打者（.335）と最高出塁率（.453）の打撃2冠に輝く。西川龍馬は球団2位の27試合連続安打をマークした。11連勝も11連敗もあり、緒方孝市監督が辞任。後任に佐々岡真司氏が就任した。
2020	佐々岡真司	5	52	56	12	.481	5年ぶりに負け越した。森下暢仁はチーム最多の10勝、防御率1.91で球団10人目の新人王に選ばれた。菊池涼介は二塁手で史上初となるシーズン守備率10割を達成。鈴木誠也は球団初の5年連続打率3割を遂げた。

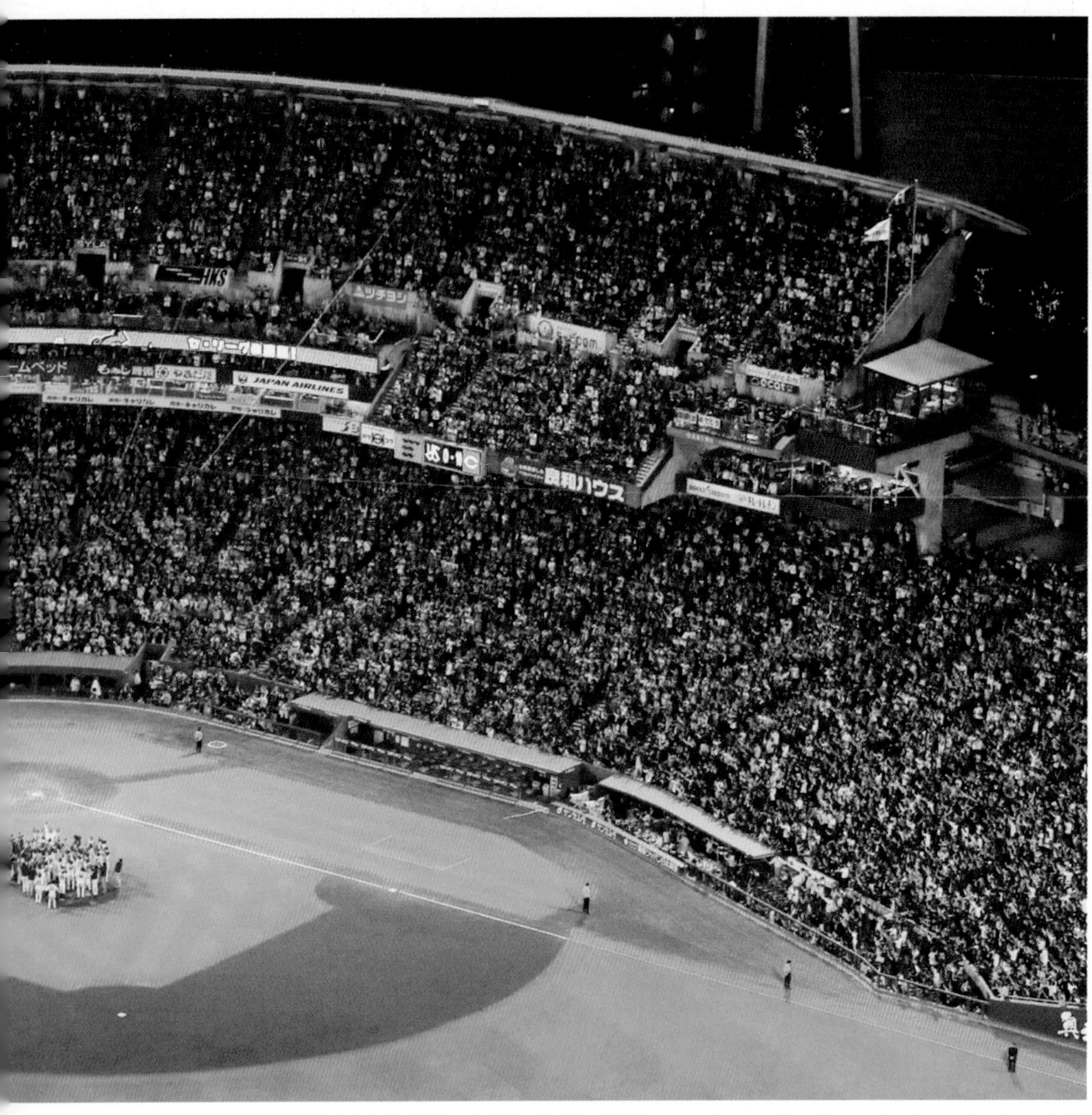

赤く染まったマツダスタジアム。カープファンの視線は同球場初の胴上げに注がれた(2018年9月26日)

[ザメディアジョン]

編　集	滝瀬恵子
デザイン	村田洋子
校　閲	大田光悦　菊澤昇吾
編集アシスタント	森田樹璃　佐々木菜都美
販　売	細谷芳弘

[中国新聞社]

取材・文	林 仁志　森下 敬　下手義樹　加納 優　山本 修 上木崇達　山本堅太郎　矢野匡洋　西村 萌
写真	報道センター映像担当
編集協力	村上昭徳　橘高 章

[STUDIO RACO]

DTP	岡田紀代美